expresiones en matemáticas

Dra. Karen C. Fuson

Haz la tarea y recuerda

Grado 3

Volumen 1

HMH

This material is based upon work supported by the
National Science Foundation
under Grant Numbers
ESI-9816320, REC-9806020, and RED-935373.

Any opinions, findings, and conclusions, or recommendations expressed in this material
are those of the author and do not necessarily reflect the views of the National Science Foundation.

Printed in the U.S.A.

ISBN 978-1-328-52034-0

6 7 8 9 MP 27 26 25 24

4500883841 A B C D E F G

1-1
Haz la tarea

Nombre ______________________ Fecha ______________

Usa esta tabla para practicar contar en secuencia y multiplicar de 5 en 5. Luego pide a tu ayudante de tareas que te evalúe.

	En orden	Mezclados
5	$1 \times 5 = 5$	$9 \times 5 = 45$
	$2 \times 5 = 10$	$5 \times 5 = 25$
	$3 \times 5 = 15$	$2 \times 5 = 10$
	$4 \times 5 = 20$	$7 \times 5 = 35$
	$5 \times 5 = 25$	$4 \times 5 = 20$
	$6 \times 5 = 30$	$6 \times 5 = 30$
	$7 \times 5 = 35$	$10 \times 5 = 50$
	$8 \times 5 = 40$	$8 \times 5 = 40$
	$9 \times 5 = 45$	$1 \times 5 = 5$
	$10 \times 5 = 50$	$3 \times 5 = 15$

1-1
Haz la tarea

Nombre ______________________ Fecha ______________

Resuelve cada ecuación. Luego comprueba tus respuestas al final de la página.

1 $8 \times 5 = \square$	**2** $9 \bullet 5 = \square$	**3** $5 * 2 = \square$
4 $6 \times 5 = \square$	**5** $3 \bullet 5 = \square$	**6** $5 \times 4 = \square$
7 $10 \times 5 = \square$	**8** $5 * 1 = \square$	**9** $6 \times 5 = \square$
10 $5 * 5 = \square$	**11** $5 \bullet 7 = \square$	**12** $2 * 5 = \square$
13 $5 * 1 = \square$	**14** $5 \times 10 = \square$	**15** $4 \bullet 5 = \square$
16 $7 \bullet 5 = \square$	**17** $5 \times 2 = \square$	**18** $5 * 7 = \square$
19 $5 \times 5 = \square$	**20** $5 * 8 = \square$	**21** $9 \bullet 5 = \square$

1. 40 **2.** 45 **3.** 10 **4.** 30 **5.** 15 **6.** 20 **7.** 50 **8.** 5 **9.** 30 **10.** 25
11. 35 **12.** 10 **13.** 5 **14.** 50 **15.** 20 **16.** 35 **17.** 10 **18.** 35 **19.** 25
20. 40 **21.** 45

Nombre ______________________ Fecha ______________

Plan de estudio

____
Ayudante de tareas

Escribe cada total.

1. $2 \times (5) = 5 + 5 =$ ________
2. $4 \bullet (5) = 5 + 5 + 5 + 5 =$ ________
3. $6 * (5) = 5 + 5 + 5 + 5 + 5 + 5 =$ ________

Escribe las sumas de 5 en 5 que muestran cada multiplicación. Luego escribe el total.

4. $3 \times (5) =$ ______________________ = ________
5. $5 * (5) =$ ______________________ = ________
6. $1 \bullet (5) =$ ______________________ = ________
7. $8 \bullet (5) =$ ______________________ = ________
8. $7 \times (5) =$ ______________________ = ________

1-1
Recuerda

Nombre ______________________ Fecha ____________

Cuenta de 5 en 5 para hallar el número total.

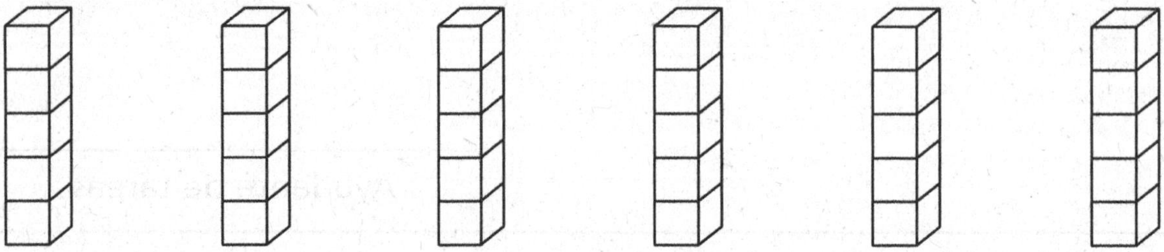

1. 5 ____ ____ ____ ____ ____

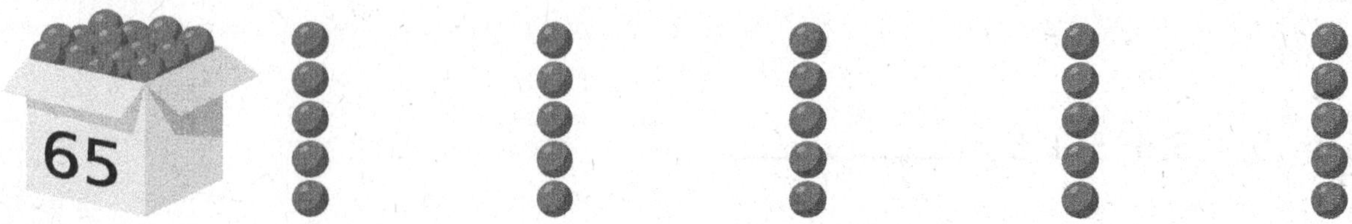

2. 65 ____ ____ ____ ____ ____
3. 30 ____ ____ ____ ____ ____
4. 45 ____ ____ ____ ____ ____
5. 75 ____ ____ ____ ____ ____

6. **Amplía tu razonamiento** Liam comienza en un número y cuenta de 5 en 5. Cuenta de 5 en 5 seis veces y ahora está en el número 75. ¿A partir de qué número comenzó Liam a contar? Explica cómo lo sabes.

____

____

____

____

____

1-2
Haz la tarea

Nombre ______________________ **Fecha** __________

Plan de estudio

____
Ayudante de tareas

Escribe una ecuación de multiplicación para hallar el número total.

1. ¿Cuántas manzanas hay?

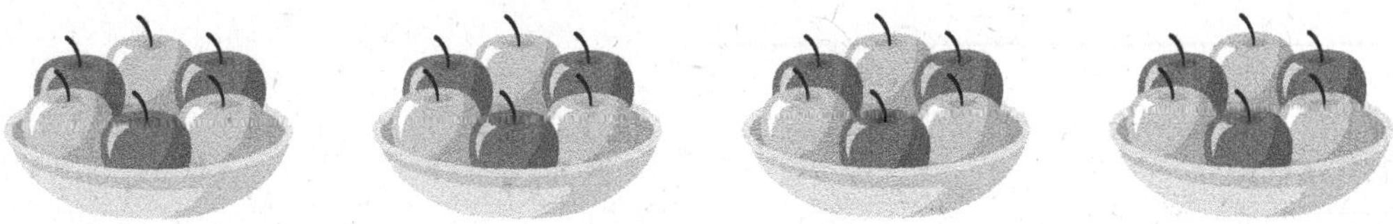

____

2. ¿Cuántas gafas hay?

____

Haz un dibujo matemático y rotúlalo con una ecuación de multiplicación. Luego escribe la respuesta al problema.

3. Beth colocó los panecillos de la cena que horneó en 5 bolsas, con 6 panecillos en cada bolsa. ¿Cuántos panecillos horneó Beth?

____

4. Baya ordenó sus monedas de 1¢ en 7 pilas de 5. ¿Cuántas monedas de 1¢ tenía?

____

Nombre ______________________ Fecha ______________

Escribe cada total.

1. $3 \times (5) = 5 + 5 + 5 =$ ______

2. $5 \bullet (5) = 5 + 5 + 5 + 5 + 5 =$ ______

Escribe las sumas de 5 en 5 que muestren cada multiplicación. Luego escribe el total.

3. $4 * (5) =$ ____________________ = ______

4. $6 \times (5) =$ ____________________ = ______

Escribe cada producto.

5. $7 \times 5 =$ ______

6. $9 * 5 =$ ______

7. $8 \bullet 5 =$ ______

8. $10 * 5 =$ ______

9. $1 \bullet 5 =$ ______

10. $5 \times 2 =$ ______

11. $5 \bullet 3 =$ ______

12. $5 * 4 =$ ______

13. $5 \times 5 =$ ______

14. **Amplía tu razonamiento** Haz un dibujo para mostrar 3×5. Explica tu dibujo y halla el producto.

____

____

____

____

____

1-3
Haz la tarea

Nombre ____________________ Fecha ____________

Hoja de estudio A para la casa

5		
Contar en secuencia	**Mezclados ×**	**Mezclados ÷**
1 × 5 = 5	2 × 5 = 10	10 ÷ 5 = 2
2 × 5 = 10	9 × 5 = 45	35 ÷ 5 = 7
3 × 5 = 15	1 × 5 = 5	50 ÷ 5 = 10
4 × 5 = 20	5 × 5 = 25	5 ÷ 5 = 1
5 × 5 = 25	7 × 5 = 35	20 ÷ 5 = 4
6 × 5 = 30	3 × 5 = 15	15 ÷ 5 = 3
7 × 5 = 35	10 × 5 = 50	30 ÷ 5 = 6
8 × 5 = 40	6 × 5 = 30	40 ÷ 5 = 8
9 × 5 = 45	4 × 5 = 20	25 ÷ 5 = 5
10 × 5 = 50	8 × 5 = 40	45 ÷ 5 = 9

2		
Contar en secuencia	**Mezclados ×**	**Mezclados ÷**
1 × 2 = 2	7 × 2 = 14	20 ÷ 2 = 10
2 × 2 = 4	1 × 2 = 2	2 ÷ 2 = 1
3 × 2 = 6	3 × 2 = 6	6 ÷ 2 = 3
4 × 2 = 8	5 × 2 = 10	16 ÷ 2 = 8
5 × 2 = 10	6 × 2 = 12	12 ÷ 2 = 6
6 × 2 = 12	8 × 2 = 16	4 ÷ 2 = 2
7 × 2 = 14	2 × 2 = 4	10 ÷ 2 = 5
8 × 2 = 16	10 × 2 = 20	8 ÷ 2 = 4
9 × 2 = 18	4 × 2 = 8	14 ÷ 2 = 7
10 × 2 = 20	9 × 2 = 18	18 ÷ 2 = 9

10		
Contar en secuencia	**Mezclados ×**	**Mezclados ÷**
1 × 10 = 10	1 × 10 = 10	80 ÷ 10 = 8
2 × 10 = 20	5 × 10 = 50	10 ÷ 10 = 1
3 × 10 = 30	2 × 10 = 20	50 ÷ 10 = 5
4 × 10 = 40	8 × 10 = 80	90 ÷ 10 = 9
5 × 10 = 50	7 × 10 = 70	40 ÷ 10 = 4
6 × 10 = 60	3 × 10 = 30	100 ÷ 10 = 10
7 × 10 = 70	4 × 10 = 40	30 ÷ 10 = 3
8 × 10 = 80	6 × 10 = 60	20 ÷ 10 = 2
9 × 10 = 90	10 × 10 = 100	70 ÷ 10 = 7
10 × 10 = 100	9 × 10 = 90	60 ÷ 10 = 6

9		
Contar en secuencia	**Mezclados ×**	**Mezclados ÷**
1 × 9 = 9	2 × 9 = 18	81 ÷ 9 = 9
2 × 9 = 18	4 × 9 = 36	18 ÷ 9 = 2
3 × 9 = 27	7 × 9 = 63	36 ÷ 9 = 4
4 × 9 = 36	8 × 9 = 72	9 ÷ 9 = 1
5 × 9 = 45	3 × 9 = 27	54 ÷ 9 = 6
6 × 9 = 54	10 × 9 = 90	27 ÷ 9 = 3
7 × 9 = 63	1 × 9 = 9	63 ÷ 9 = 7
8 × 9 = 72	6 × 9 = 54	72 ÷ 9 = 8
9 × 9 = 81	5 × 9 = 45	90 ÷ 9 = 10
10 × 9 = 90	9 × 9 = 81	45 ÷ 9 = 5

Nombre Fecha

Hoja de firmas de la casa

	Ayudante de tareas: Contar en secuencia	Ayudante de tareas: Multiplicación	Ayudante de tareas: Divisiones
0			
1			
2			
3			
4			
5			
6			
7			
8			
9			
10			

1-3
Haz la tarea

Nombre ______________________ Fecha ______________

Plan de estudio

____
Ayudante de tareas

Escribe una ecuación de multiplicación para cada matriz.

1. ¿Cuántos panecillos hay?

____

2. ¿Cuántas pelotas de baloncesto hay?

____

Haz un dibujo matemático para cada problema y rotúlalo con una ecuación de multiplicación. Luego escribe la respuesta al problema.

3. Ellie ordenó sus trofeos en 3 filas, con 6 trofeos en cada fila. ¿Cuántos trofeos tiene?

____

4. Maribel sembró un jardín con 9 plantas de tomate en cada una de 2 filas. ¿Cuántas plantas de tomate sembró?

____

Nombre ______________________ Fecha ______________

Escribe cada producto.

1. $1 * 5 = \square$
2. $8 \bullet 5 = \square$
3. $5 \times 2 = \square$
4. $9 \times 5 = \square$
5. $10 * 5 = \square$
6. $4 \bullet 5 = \square$

Escribe una ecuación de multiplicación para hallar el número total.

7. ¿Cuántos cubos hay?

____

8. ¿Cuántos lados hay?

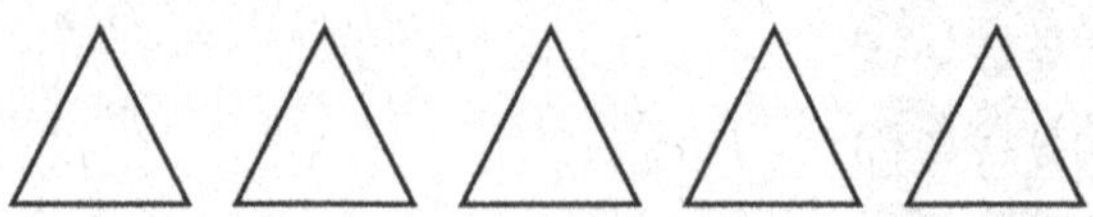

____

9. ¿Cuántos lados hay?

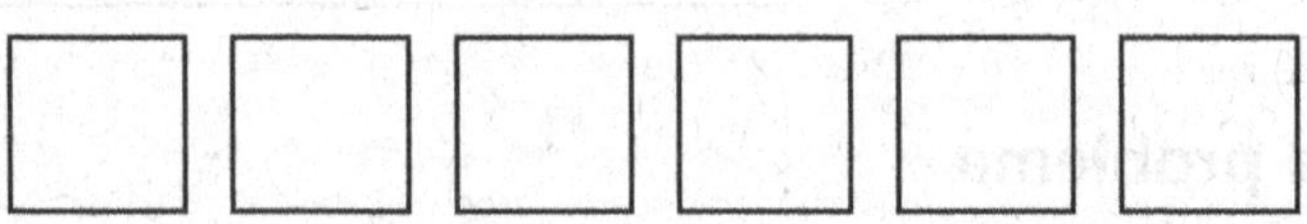

____

10. **Amplía tu razonamiento** Miguel tiene 24 tarjetas de béisbol. Quiere mostrar las tarjetas en filas y columnas uniformes. Dibuja dos matrices diferentes para mostrar cómo podría Miguel mostrar sus tarjetas. Rotula tus dibujos con una ecuación de multiplicación.

______________________ ______________________

1-4
Haz la tarea

Nombre Fecha

Usa esta tabla para practicar contar en secuencia, multiplicar y dividir de 5 en 5. Luego pide a tu ayudante de tareas que te evalúe.

	En orden ×	Mezclados ×	Mezclados ÷
5	1 × 5 = 5	4 × 5 = 20	20 ÷ 5 = 4
	2 × 5 = 10	7 × 5 = 35	5 ÷ 5 = 1
	3 × 5 = 15	2 × 5 = 10	50 ÷ 5 = 10
	4 × 5 = 20	5 × 5 = 25	35 ÷ 5 = 7
	5 × 5 = 25	9 × 5 = 45	15 ÷ 5 = 3
	6 × 5 = 30	1 × 5 = 5	45 ÷ 5 = 9
	7 × 5 = 35	10 × 5 = 50	10 ÷ 5 = 2
	8 × 5 = 40	3 × 5 = 15	25 ÷ 5 = 5
	9 × 5 = 45	6 × 5 = 30	40 ÷ 5 = 8
	10 × 5 = 50	8 × 5 = 40	30 ÷ 5 = 6

Nombre ______________________ Fecha ____________

Multiplica o divide para hallar los números desconocidos. Luego comprueba tus respuestas al final de la página.

1. $5 \times 6 = \square$
2. $45 \div 5 = \square$
3. $5 \times \square = 35$
4. $\square \times 5 = 10$
5. $3 \times 5 = \square$
6. $50 / 5 = \square$
7. $5 \bullet 9 = \square$
8. $\square \bullet 5 = 20$
9. $5\overline{)25}$ (respuesta: $\square$)
10. $5 * \square = 40$
11. $5 \bullet 5 = \square$
12. $\frac{35}{5} = \square$
13. $5 \bullet \square = 15$
14. $30 \div 5 = \square$
15. $5 \times \square = 45$
16. $\square \div 5 = 7$
17. $\frac{10}{5} = \square$
18. $5 \bullet 8 = \square$
19. $5\overline{)20}$ (respuesta: $\square$)
20. $5 \times \square = 5$
21. $5 \times \square = 50$

1. 30 **2.** 9 **3.** 7 **4.** 2 **5.** 15 **6.** 10 **7.** 45 **8.** 4 **9.** 5 **10.** 8 **11.** 25
12. 7 **13.** 3 **14.** 6 **15.** 9 **16.** 35 **17.** 2 **18.** 40 **19.** 4 **20.** 1 **21.** 10

1-4
Haz la tarea

Nombre ______ Fecha ______

Plan de estudio

______
Ayudante de tareas

Escribe una ecuación de multiplicación y una ecuación de división para cada problema. Luego resuelve el problema.

Muestra tu trabajo.

1. La cafetería de Mandy tiene un total de 20 sillas. Las sillas están divididas por igual entre 5 mesas. ¿Cuántas sillas hay en cada mesa?

______

2. Tarek dividió 30 monedas de 5¢ en 5 pilas. Colocó el mismo número de monedas en cada pila. ¿Cuántas monedas de 5¢ había en cada pila?

______

3. Un grupo de cantantes tiene 45 miembros. Los cantantes están ordenados en grupos de 5 en el escenario. ¿Cuántos grupos hay?

______

4. Brianna ordenó 40 canicas en una matriz con 5 canicas en cada fila. ¿Cuántas filas de canicas había en su matriz?

______

1-4
Recuerda

Nombre ______________________ **Fecha** __________

Haz un dibujo matemático para el problema y rotúlalo con una ecuación de multiplicación. Luego escribe la respuesta al problema.

1. Ann tiene 5 cajas con 7 crayones en cada una. ¿Cuántos crayones tiene Ann?

   ____

2. El Sr. García exhibe los trofeos de la escuela en 3 filas de 5. ¿Cuántos trofeos exhibe el Sr. García?

   ____

Escribe una ecuación de multiplicación para cada matriz.

3. ¿Cuántos puntos hay?

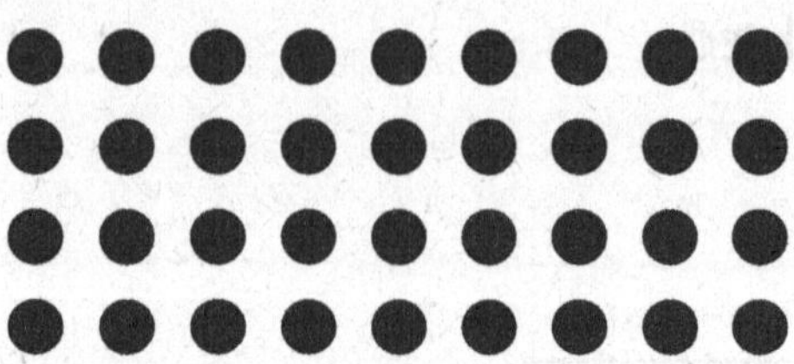

   ____

4. ¿Cuántos cubos hay?

   ____

5. **Amplía tu razonamiento** Escribe un problema de división del mundo real usando 5 como divisor. Luego resuelve el problema.

   ____

   ____

   ____

1-5
Haz la tarea

Nombre ______________________ **Fecha** ______________

Usa esta tabla para practicar contar en secuencia, multiplicar y dividir de 2 en 2. Luego pide a tu ayudante de tareas que te evalúe.

	× En orden	× Mezclados	÷ Mezclados
2	1 × 2 = 2	4 × 2 = 8	18 ÷ 2 = 9
	2 × 2 = 4	7 × 2 = 14	6 ÷ 2 = 3
	3 × 2 = 6	2 × 2 = 4	2 ÷ 2 = 1
	4 × 2 = 8	5 × 2 = 10	16 ÷ 2 = 8
	5 × 2 = 10	9 × 2 = 18	14 ÷ 2 = 7
	6 × 2 = 12	1 × 2 = 2	4 ÷ 2 = 2
	7 × 2 = 14	10 × 2 = 20	20 ÷ 2 = 10
	8 × 2 = 16	3 × 2 = 6	8 ÷ 2 = 4
	9 × 2 = 18	6 × 2 = 12	12 ÷ 2 = 6
	10 × 2 = 20	8 × 2 = 16	10 ÷ 2 = 5

1-5
Haz la tarea

Nombre ____________________ Fecha ____________

Multiplica o divide para hallar los números desconocidos.
Luego comprueba tus respuestas al final de la página.

1. $2 \times 4 = \square$
2. $20 \div 5 = \square$
3. 6 * 2 = $\square$
4. 45 / 5 = $\square$
5. $2 \bullet 10 = \square$
6. $\frac{20}{2} = \square$
7. $5 \times 10 = \square$
8. $16 \div 2 = \square$
9. $6 \times 5 = \square$
10. 30 / 5 = $\square$
11. $5 \bullet 7 = \square$
12. $2\overline{)18}$ = $\square$
13. 8 * 2 = $\square$
14. $\frac{25}{5} = \square$
15. $5 \bullet 4 = \square$
16. 16 / 2 = $\square$
17. $2\overline{)10}$ = $\square$
18. 2 * 7 = $\square$
19. $5 \times 5 = \square$
20. $14 \div 2 = \square$
21. $\frac{\square}{5} = 7$

1. 8 **2.** 4 **3.** 12 **4.** 9 **5.** 20 **6.** 10 **7.** 50 **8.** 8 **9.** 30 **10.** 6 **11.** 35
12. 9 **13.** 16 **14.** 5 **15.** 20 **16.** 8 **17.** 5 **18.** 14 **19.** 25 **20.** 7 **21.** 35

1-5
Haz la tarea

Nombre Fecha

Hoja de comprobación para la casa 1: 5 y 2

5 Multiplicación	5 Divisiones	2 Multiplicaciones	2 Divisiones
2 × 5 = 10	30 / 5 = 6	4 × 2 = 8	8 / 2 = 4
5 • 6 = 30	5 ÷ 5 = 1	2 • 8 = 16	18 ÷ 2 = 9
5 * 9 = 45	15 / 5 = 3	1 * 2 = 2	2 / 2 = 1
4 × 5 = 20	50 ÷ 5 = 10	6 × 2 = 12	16 ÷ 2 = 8
5 • 7 = 35	20 / 5 = 4	2 • 9 = 18	4 / 2 = 2
10 * 5 = 50	10 ÷ 5 = 2	2 * 2 = 4	20 ÷ 2 = 10
1 × 5 = 5	35 / 5 = 7	3 × 2 = 6	10 / 2 = 5
5 • 3 = 15	40 ÷ 5 = 8	2 • 5 = 10	12 ÷ 2 = 6
8 * 5 = 40	25 / 5 = 5	10 * 2 = 20	6 / 2 = 3
5 × 5 = 25	45 / 5 = 9	2 × 7 = 14	14 / 2 = 7
5 • 8 = 40	20 ÷ 5 = 4	2 • 10 = 20	4 ÷ 2 = 2
7 * 5 = 35	15 / 5 = 3	9 * 2 = 18	2 / 2 = 1
5 × 4 = 20	30 ÷ 5 = 6	2 × 6 = 12	8 ÷ 2 = 4
6 • 5 = 30	25 / 5 = 5	8 • 2 = 16	6 / 2 = 3
5 * 1 = 5	10 ÷ 5 = 2	2 * 3 = 6	20 ÷ 2 = 10
5 × 10 = 50	45 / 5 = 9	2 × 2 = 4	14 / 2 = 7
9 • 5 = 45	35 ÷ 5 = 7	1 • 2 = 2	10 ÷ 2 = 5
5 * 2 = 10	50 ÷ 5 = 10	2 * 4 = 8	16 ÷ 2 = 8
3 × 5 = 15	40 / 5 = 8	5 × 2 = 10	12 / 2 = 6
5 • 5 = 25	5 ÷ 5 = 1	7 • 2 = 14	18 ÷ 2 = 9

1-5
Haz la tarea

Nombre ______ Fecha ______

Plan de estudio

______
Ayudante de tareas

Escribe una ecuación y resuelve el problema.

1. Tanya tenía 14 vasos para llenar con jugo. Los colocó en 2 filas iguales. ¿Cuántos vasos había en cada fila?

______

2. Rebecca tiene 3 pares de zapatos para correr. Compró cordones nuevos para cada par. ¿Cuántos cordones compró?

______

3. Jason sirvió la cena a su familia. Colocó 5 zanahorias en cada uno de los 4 platos. ¿Cuántas zanahorias sirvió Jason en total?

______

4. Olivia llenó 8 floreros con flores. Colocó 5 flores en cada florero. ¿Cuántas flores colocó en los floreros?

______

5. Devon tiene 30 modelos de aviones. Colocó el mismo número en cada uno de los 5 estantes de su librería. ¿Cuántos modelos de aviones colocó Devon en cada estante?

______

6. Hay 12 huevos en un cartón. Están ordenados en 2 filas con el mismo número de huevos en cada fila. ¿Cuántos huevos hay en cada fila?

______

Nombre ______________________ Fecha ________

Haz un dibujo matemático para el problema y rotúlalo con una ecuación de multiplicación. Luego escribe la respuesta al problema.

1. Kishore tiene 4 pilas con 3 libros en cada pila. ¿Cuántos libros hay en total?

   ____

2. Cindy tenía 6 sobres. Colocó 2 estampillas en cada uno. ¿Cuántas estampillas usó?

   ____

Escribe una ecuación de multiplicación para la matriz.

3. ¿Cuántos puntos hay?

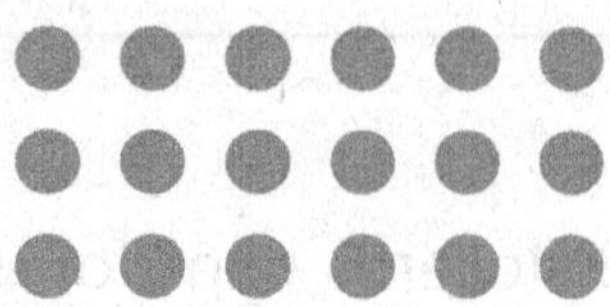

____

Multiplica o divide para hallar los números desconocidos.

4. $7 * 5 = \square$

5. $45 \div 5 = \square$

6. $\square \times 5 = 50$

7. $8 * 5 = \square$

8. $5 \bullet \square = 25$

9. $\frac{10}{5} = \square$

10. **Amplía tu razonamiento** Explica cómo resolver el siguiente problema usando la división y la multiplicación. Hay 18 estudiantes en el salón de clases. Hay 2 estudiantes en cada grupo. ¿Cuántos grupos de estudiantes hay?

    ____

    ____

1-6
Haz la tarea

Nombre ____________________ Fecha ____________

Plan de estudio

____
Ayudante de tareas

Escribe una ecuación y resuelve el problema.

1. En una pared, hay fotos ordenadas en 2 filas con 7 fotos en cada una. ¿Cuántas fotos hay en la pared?

   ____

2. Un huerto tiene 6 filas de manzanos. En cada fila hay 5 árboles. ¿Cuántos manzanos hay en el huerto?

   ____

3. Navin ordenó sus trofeos de fútbol en 5 filas iguales. Tiene 25 trofeos. ¿Cuántos hay en cada fila?

   ____

4. Los boletos para la obra de teatro escolar cuestan $2 cada uno. La Sra. Cortez gastó $16 en boletos. ¿Cuántos boletos compró?

   ____

5. Jimet resolvió 20 multiplicaciones. Había 5 multiplicaciones en cada fila. ¿Cuántas filas de multiplicaciones resolvió?

   ____

6. Josh tiene 2 duraznos por cada uno de sus 6 amigos. ¿Cuántos duraznos tiene?

   ____

1-6
Recuerda

Nombre ______________________ **Fecha** ______

Escribe una ecuación de multiplicación para cada matriz.

❶ ¿Cuántos puntos hay?

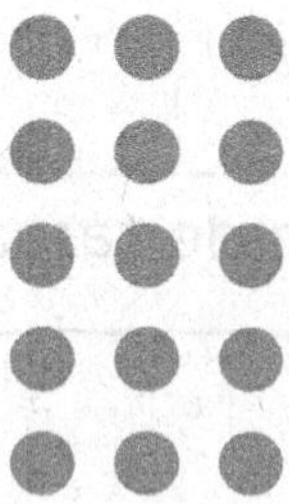

____

❷ ¿Cuántos puntos hay?

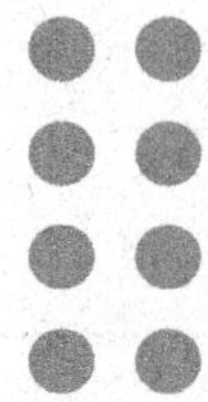

____

Multiplica o divide para hallar los números desconocidos.

❸ $2 \times 7 = \square$

❹ $5 \bullet \square = 30$

❺ $5\overline{)5}$ con $\square$ como cociente

❻ $25 \div 5 = \square$

❼ $4 * 5 = \square$

❽ $\frac{35}{5} = \square$

Escribe una ecuación y resuelve el problema.

❾ Hay 10 gafas de sol en exhibición. Cada una tiene 2 lentes. ¿Cuántas lentes hay?

____

____

❿ Bryce dibuja 40 estrellas en su cartel. Dibuja 5 filas y coloca el mismo número en cada fila. ¿Cuántas estrellas hay en cada fila?

____

____

⓫ **Amplía tu razonamiento** Sarah tiene 10 animales de peluche. Explica dos maneras diferentes en las que puede agrupar los animales de peluche de manera que cada grupo tenga el mismo número y no sobren animales de peluche.

____

____

____

Nombre Fecha

Usa esta tabla para practicar contar en secuencia, multiplicar y dividir de 10 en 10. Luego pide a tu ayudante de tareas que te evalúe.

	× En orden	× Mezclados	÷ Mezclados
10	1 × 10 = 10	4 × 10 = 40	100 ÷ 10 = 10
	2 × 10 = 20	7 × 10 = 70	20 ÷ 10 = 2
	3 × 10 = 30	2 × 10 = 20	40 ÷ 10 = 4
	4 × 10 = 40	5 × 10 = 50	70 ÷ 10 = 7
	5 × 10 = 50	9 × 10 = 90	30 ÷ 10 = 3
	6 × 10 = 60	1 × 10 = 10	60 ÷ 10 = 6
	7 × 10 = 70	10 × 10 = 100	80 ÷ 10 = 8
	8 × 10 = 80	3 × 10 = 30	10 ÷ 10 = 1
	9 × 10 = 90	6 × 10 = 60	50 ÷ 10 = 5
	10 × 10 = 100	8 × 10 = 80	90 ÷ 10 = 9

1-7
Haz la tarea

Nombre ____________________ Fecha __________

Multiplica o divide para hallar los números desconocidos. Luego comprueba tus respuestas al final de la página.

1. $2 \times 10 = \square$
2. $15 \div 5 = \square$
3. $4 * 2 = \square$
4. $80 / 10 = \square$
5. $5 \bullet \square = 40$
6. $\frac{60}{10} = \square$
7. $\square \times 5 = 30$
8. $\frac{20}{2} = \square$
9. $6 \times 10 = \square$
10. $25 / 5 = \square$
11. $10 \bullet 7 = \square$
12. $14 \div 2 = \square$
13. $9 * 2 = \square$
14. $\frac{45}{5} = \square$
15. $10 \bullet 4 = \square$
16. $2\overline{)20}$ (cociente: $\square$)
17. $70 \div 10 = \square$
18. $9 * \square = 18$
19. $\square \times 5 = 35$
20. $\frac{\square}{3} = 10$
21. $\square \bullet 2 = 16$

1. 20 2. 3 3. 8 4. 8 5. 8 6. 6 7. 6 8. 10 9. 60 10. 5 11. 70
12. 7 13. 18 14. 9 15. 40 16. 10 17. 7 18. 2 19. 7 20. 30 21. 8

1-7
Haz la tarea

Nombre ______ Fecha ______

Plan de estudio

______
Ayudante de tareas

Escribe una ecuación y resuelve el problema.

1. Wendy tiene 100 centavos. Quiere comprar canicas que cuestan 10 centavos cada una. ¿Cuántas canicas puede comprar?

______

2. Natalie apagó 2 luces en cada una de las 6 habitaciones de su casa. ¿Cuántas luces apagó?

______

3. Luis tiene 18 calcetines. ¿Cuántos pares de calcetines tiene?

______

4. Lana tiene 9 monedas de 5¢. Quiere comprar una manzana que cuesta 40 centavos. ¿Tiene suficiente dinero?

______

5. Annabelle tenía 20 crayones. Dio 5 a cada una de sus hermanas. ¿Cuántas hermanas tiene Annabelle?

______

6. Harvey escribió cartas a 10 de sus amigos. Cada carta tenía 3 páginas. ¿Cuántas páginas escribió Harvey?

______

Completa la tabla.

7.

Número de monedas de 5¢	1	3	5	8		
Cantidad total		15¢			45¢	50¢

Nombre ______ Fecha ______

Escribe una ecuación de multiplicación y una ecuación de división para cada problema. Luego resuelve el problema. *Muestra tu trabajo.*

1. Tara dobla 25 suéteres. Coloca el mismo número de suéteres en cada pila. Hay 5 pilas. ¿Cuántos suéteres hay en cada pila?

______

2. El señor McBride pide 30 lápices nuevos. Hay 5 lápices en cada caja. ¿Cuántas cajas de lápices pide el señor McBride?

______

Multiplica o divide para hallar los números desconocidos.

3. $5 \bullet \square = 45$

4. $2\overline{)12}$ con $\square$ encima

5. $14 \div 2 = \square$

6. $\square * 5 = 20$

7. $2 \times \square = 8$

8. $\frac{16}{2} = \square$

Escribe una ecuación y resuelve el problema.

9. Se colocaron libros en 5 filas iguales para exhibir. Había 45 libros. ¿Cuántos hay en cada fila?

______

10. La clase se alineó en 2 filas con 8 estudiantes en cada fila. ¿Cuántos estudiantes hay en la clase?

______

11. **Amplía tu razonamiento** Explica cómo sabes que un número se puede dividir entre 10 por igual.

______

______

1-8
Haz la tarea

Nombre Fecha

Usa esta tabla para practicar contar en secuencia, multiplicar y dividir de 9 en 9. Luego pide a tu ayudante de tareas que te evalúe.

	× En orden	× Mezclados	÷ Mezclados
9	1 × 9 = 9	4 × 9 = 36	63 ÷ 9 = 7
	2 × 9 = 18	7 × 9 = 63	9 ÷ 9 = 1
	3 × 9 = 27	2 × 9 = 18	54 ÷ 9 = 6
	4 × 9 = 36	5 × 9 = 45	18 ÷ 9 = 2
	5 × 9 = 45	9 × 9 = 81	90 ÷ 9 = 10
	6 × 9 = 54	1 × 9 = 9	81 ÷ 9 = 9
	7 × 9 = 63	10 × 9 = 90	45 ÷ 9 = 5
	8 × 9 = 72	3 × 9 = 27	27 ÷ 9 = 3
	9 × 9 = 81	6 × 9 = 54	36 ÷ 9 = 4
	10 × 9 = 90	8 × 9 = 72	72 ÷ 9 = 8

Nombre ______________________ **Fecha** ______________

Multiplica o divide para hallar los números desconocidos.
Luego comprueba tus respuestas al final de esta página.

1. $2 \times 9 = \square$
2. $18 \div 2 = \square$
3. $6 * \square = 12$
4. $40 / 5 = \square$
5. $10 \bullet 8 = \square$
6. $\frac{27}{9} = \square$
7. $\square \times 5 = 40$
8. $2\overline{)14}$ $\square$
9. $9 \times 10 = \square$
10. $\frac{60}{10} = \square$
11. $10 \bullet 7 = \square$
12. $72 \div 9 = \square$
13. $5 * 9 = \square$
14. $\frac{20}{2} = \square$
15. $9 \bullet \square = 36$
16. $10 / 2 = \square$
17. $63 \div 9 = \square$
18. $9 * 9 = \square$
19. $5 \times 5 = \square$
20. $5\overline{)30}$ $\square$
21. $9 \times 3 = \square$

1. 18 **2.** 9 **3.** 2 **4.** 8 **5.** 80 **6.** 3 **7.** 8 **8.** 7 **9.** 90 **10.** 6 **11.** 70
12. 8 **13.** 45 **14.** 10 **15.** 4 **16.** 5 **17.** 7 **18.** 81 **19.** 25 **20.** 6 **21.** 27

1-8
Haz la tarea

Nombre ______________________ Fecha ______________

Hoja de comprobación para la casa 2: Contar en secuencia de 10 en 10 y de 9 en 9

10 Multiplicaciones	10 Divisiones	9 Multiplicaciones	9 Divisiones
9 × 10 = 90	100 / 10 = 10	3 × 9 = 27	27 / 9 = 3
10 • 3 = 30	50 ÷ 10 = 5	9 • 7 = 63	9 ÷ 9 = 1
10 * 6 = 60	70 / 10 = 7	10 * 9 = 90	81 / 9 = 9
1 × 10 = 10	40 ÷ 10 = 4	5 × 9 = 45	45 ÷ 9 = 5
10 • 4 = 40	80 / 10 = 8	9 • 8 = 72	90 / 9 = 10
10 * 7 = 70	60 ÷ 10 = 6	9 * 1 = 9	36 ÷ 9 = 4
8 × 10 = 80	10 / 10 = 1	2 × 9 = 18	18 / 9 = 2
10 • 10 = 100	20 ÷ 10 = 2	9 • 9 = 81	63 ÷ 9 = 7
5 * 10 = 50	90 / 10 = 9	6 * 9 = 54	54 / 9 = 6
10 × 2 = 20	30 / 10 = 3	9 × 4 = 36	72 / 9 = 8
10 • 5 = 50	80 ÷ 10 = 8	9 • 5 = 45	27 ÷ 9 = 3
4 * 10 = 40	70 / 10 = 7	4 * 9 = 36	45 / 9 = 5
10 × 1 = 10	100 ÷ 10 = 10	9 × 1 = 9	63 ÷ 9 = 7
3 • 10 = 30	90 / 10 = 9	3 • 9 = 27	72 / 9 = 8
10 * 8 = 80	60 ÷ 10 = 6	9 * 8 = 72	54 ÷ 9 = 6
7 × 10 = 70	30 / 10 = 3	7 × 9 = 63	18 / 9 = 2
6 • 10 = 60	10 ÷ 10 = 1	6 • 9 = 54	90 ÷ 9 = 10
10 * 9 = 90	40 ÷ 10 = 4	9 * 9 = 81	9 ÷ 9 = 1
10 × 10 = 100	20 / 10 = 2	10 × 9 = 90	36 / 9 = 4
2 • 10 = 20	50 ÷ 10 = 5	2 • 9 = 18	81 ÷ 9 = 9

Nombre ______________________ Fecha ____________

Plan de estudio

____
Ayudante de tareas

Escribe una ecuación para cada situación. Luego resuelve el problema.

Muestra tu trabajo.

1. La tienda de mascotas tiene 54 aves. Hay 9 aves en cada jaula. ¿Cuántas jaulas hay?

____

2. George contó 2 cuentos cada noche del campamento. El campamento duró 3 noches. ¿Cuántos cuentos contó George?

____

3. LaShawna infló 40 globos para una fiesta. Hizo 10 atados iguales de globos para colocar en las mesas. ¿Cuántos globos había en cada atado?

____

4. Hay 4 pisos en el ayuntamiento de Redville. En cada piso hay 9 oficinas. ¿Cuántas oficinas hay en el edificio?

____

5. Brigitte tiene 15 CD. Puede colocar 5 CD en el reproductor de CD al mismo tiempo. ¿Cuántas veces tiene que cambiar los CD para escucharlos todos?

____

Nombre Fecha

Multiplica o divide para hallar los números desconocidos.

1. $\frac{40}{5} = \square$
2. $2 \times \square = 18$
3. $5 \cdot 5 = \square$
4. $15 \div 5 = \square$
5. $\square * 2 = 20$
6. $2\overline{)20}$ (cociente: $\square$)

Escribe una ecuación y resuelve el problema.

7. En el estacionamiento hay 45 carros. Hay 5 carros en cada fila. ¿Cuántas filas de carros hay?

8. Un huerto tiene 2 filas de plantas de tomates. En cada fila hay 8 plantas de tomates. ¿Cuántas plantas de tomates hay en el huerto?

9. El museo tiene 20 placas en las paredes. Las placas están en 2 filas iguales. ¿Cuántas placas hay en cada fila?

10. Siete niños muestran 5 dedos cada uno. ¿Cuántos dedos se muestran?

Completa la tabla.

11 Número de monedas de 10¢	1	3		7	9
Cantidad total			50¢		90¢

12. **Amplía tu razonamiento** El maestro de música quiere alinear a los estudiantes para formar un número igual de filas y columnas para una actuación. El maestro de música quiere 9 filas. Dibuja una matriz que muestre cómo se alinearán los estudiantes para la actuación. ¿Cuántos estudiantes habrá?

1-9
Haz la tarea

Nombre ______________________ Fecha ______________

Hoja de comprobación para la casa 3: 2, 5, 9 y 10

2, 5, 9, 10 Multiplicaciones	2, 5, 9, 10 Divisiones	2, 5, 9, 10 Multiplicaciones	2, 5, 9, 10 Divisiones
2 × 10 = 20	5 × 10 = 50	18 / 2 = 9	36 / 9 = 4
10 • 5 = 50	10 • 9 = 90	50 ÷ 5 = 10	70 ÷ 10 = 7
9 * 6 = 54	4 * 10 = 40	72 / 9 = 8	18 / 2 = 9
7 × 10 = 70	2 × 9 = 18	60 ÷ 10 = 6	45 ÷ 5 = 9
2 • 3 = 6	5 • 3 − 15	12 / 2 = 6	45 / 9 = 5
5 * 7 = 35	6 * 9 = 54	30 ÷ 5 = 6	30 ÷ 10 = 3
9 × 10 = 90	10 × 3 = 30	18 / 9 = 2	6 / 2 = 3
6 • 10 = 60	3 • 2 = 6	50 ÷ 10 = 5	50 ÷ 5 = 10
8 * 2 = 16	5 * 8 = 40	14 / 2 = 7	27 / 9 = 3
5 × 6 = 30	9 × 9 = 81	25 / 5 = 5	70 / 10 = 7
9 • 5 = 45	10 • 4 = 40	81 ÷ 9 = 9	20 ÷ 2 = 10
8 * 10 = 80	9 * 2 = 18	20 / 10 = 2	45 / 5 = 9
2 × 1 = 2	5 × 1 = 5	8 ÷ 2 = 4	54 ÷ 9 = 6
3 • 5 = 15	9 • 6 = 54	45 / 5 = 9	80 / 10 = 8
4 * 9 = 36	10 * 1 = 10	63 ÷ 9 = 7	16 ÷ 2 = 8
3 × 10 = 30	7 × 2 = 14	30 / 10 = 3	15 / 5 = 3
2 • 6 = 12	6 • 5 = 30	10 ÷ 2 = 5	90 ÷ 9 = 10
4 * 5 = 20	8 * 9 = 72	40 ÷ 5 = 8	100 ÷ 10 = 10
9 × 7 = 63	10 × 6 = 60	9 / 9 = 1	12 / 2 = 6
1 • 10 = 10	2 • 8 = 16	50 ÷ 10 = 5	35 ÷ 5 = 7

1-9
Haz la tarea

Nombre ______________________ Fecha ______________

Multiplica o divide para hallar los números desconocidos. Luego comprueba tus respuestas al final de la página.

1 5 × 6 = □	**2** 50 ÷ 10 = □	**3** 6 * 9 = □
4 12 / 2 = □	**5** 9 × □ = 72	**6** $\frac{14}{2}$ = □
7 9 • 5 = □	**8** 15 ÷ 5 = □	**9** 7 × 2 = □
10 25 / 5 = □	**11** 10 • □ = 40	**12** $9\overline{)27}$ (□)
13 8 * 5 = □	**14** $\frac{81}{9}$ = □	**15** 7 • □ = 35
16 $2\overline{)20}$ (□)	**17** 10 ÷ □ = 5	**18** 2 * 7 = □
19 30 ÷ 5 = □	**20** 2 × 7 = □	**21** 18 / 2 = □

1. 30 **2.** 5 **3.** 54 **4.** 6 **5.** 8 **6.** 7 **7.** 45 **8.** 3 **9.** 14 **10.** 5 **11.** 4
12. 3 **13.** 40 **14.** 9 **15.** 5 **16.** 10 **17.** 2 **18.** 14 **19.** 6 **20.** 14 **21.** 9

1-9
Haz la tarea

Nombre ____________ Fecha ____________

Plan de estudio

____
Ayudante de tareas

Escribe una ecuación para cada situación. Luego resuelve el problema.

1. Quinn recorrió 35 millas en bicicleta. Se detuvo a tomar agua cada 5 millas. ¿Cuántas veces se detuvo Quinn a tomar agua?

____

2. Roy tenía 12 botellas de jugo. Las puso en el refrigerador en 2 filas. ¿Cuántas botellas había en cada fila?

____

3. Melinda tiene 5 primos. Llamó a cada uno por teléfono 4 veces este mes. ¿Cuántas llamadas telefónicas hizo a sus primos este mes?

____

4. Janelle ganó 27 boletos en la feria. Cambió los boletos por 9 premios. Cada premio valió el mismo número de boletos. ¿Cuántos boletos valió cada premio?

____

5. Eric tenía 2 canastas de pícnic. Colocó 7 manzanas en cada una. ¿Cuántas manzanas colocó en las canastas de pícnic?

____

6. Grace ha leído 2 capítulos de cada uno de sus 9 libros. ¿Cuántos capítulos ha leído en total?

____

1-9
Recuerda

Nombre ______________________ Fecha ______________

Escribe una ecuación y resuelve el problema.

1. María quiere unos bolígrafos que cuestan \$2 cada uno. Gasta \$12 en bolígrafos. ¿Cuántos bolígrafos compra?

   ____

2. La maestra Li tiene 5 crayones por cada uno de sus 10 estudiantes. ¿Cuántos crayones tiene la maestra Li?

   ____

Multiplica o divide para hallar los números desconocidos.

3. $5 \bullet 1 = \square$

4. $2 \times \square = 8$

5. $\frac{90}{10} = \square$

6. $30 \div 10 = \square$

7. $2\overline{)14}$ $\square$

8. $\square * 5 = 35$

Escribe una ecuación y resuelve el problema.

9. La maestra de arte tiene 63 pinceles. Hay 9 pinceles en cada caja. ¿Cuántas cajas hay?

   ____

10. Hay 8 platos. Jamie coloca 9 fresas en cada plato. ¿Cuántas fresas hay en los platos?

    ____

11. El Sr. Kim recibe un pedido de 30 libros nuevos para el centro multimedia. Exhibe el mismo número de libros en cada uno de 5 estantes. ¿Cuántos libros hay en cada estante?

    ____

12. **Amplía tu razonamiento** Escribe un problema con 9 y 10 como factores. Escribe una ecuación para resolver el problema.

    ____

    ____

1-10
Haz la tarea

Nombre ______________________ Fecha ______________

Usa esta tabla para practicar contar en secuencia, multiplicar y dividir de 3 en 3. Luego pide a tu ayudante de tareas que te evalúe.

	× En orden	× Mezclados	÷ Mezclados
3	1 × 3 = 3	3 × 3 = 9	27 ÷ 3 = 9
	2 × 3 = 6	5 × 3 = 15	21 ÷ 3 = 7
	3 × 3 = 9	1 × 3 = 3	3 ÷ 3 = 1
	4 × 3 = 12	8 × 3 = 24	9 ÷ 3 = 3
	5 × 3 = 15	2 × 3 = 6	30 ÷ 3 = 10
	6 × 3 = 18	9 × 3 = 27	24 ÷ 3 = 8
	7 × 3 = 21	7 × 3 = 21	12 ÷ 3 = 4
	8 × 3 = 24	10 × 3 = 30	6 ÷ 3 = 2
	9 × 3 = 27	6 × 3 = 18	15 ÷ 3 = 5
	10 × 3 = 30	4 × 3 = 12	18 ÷ 3 = 6

1-10
Haz la tarea

Nombre ______________________ Fecha ____________

Multiplica o divide para hallar los números desconocidos.
Luego comprueba tus respuestas al final de la página.

1. $6 \times 3 = \square$
2. $3\overline{)27}$, $\square$
3. $2 * \square = 18$
4. $18 / 9 = \square$
5. $3 \times \square = 30$
6. $\frac{15}{3} = \square$
7. $9 \bullet 8 = \square$
8. $50 \div 10 = \square$
9. $2 \times 2 = \square$
10. $35 / 5 = \square$
11. $4 \bullet 10 = \square$
12. $14 \div 2 = \square$
13. $8 * 3 = \square$
14. $\frac{63}{9} = \square$
15. $5 \bullet \square = 35$
16. $9\overline{)27}$, $\square$
17. $10 \div \square = 2$
18. $\square * 9 = 18$
19. $5 \times 9 = \square$
20. $81 \div \square = 9$
21. $14 / 2 = \square$

1. 18 2. 9 3. 9 4. 2 5. 10 6. 5 7. 72 8. 5 9. 4 10. 7 11. 40
12. 7 13. 24 14. 7 15. 7 16. 3 17. 5 18. 2 19. 45 20. 9 21. 7

1-10
Haz la tarea

Nombre ______________________ **Fecha** __________

Plan de estudio

____
Ayudante de tareas

Escribe una ecuación y resuelve el problema.

1. Greg tiene 3 sombreros. Ha usado cada uno 4 veces este año. ¿Cuántas veces ha usado un sombrero este año?

____

2. Keenan ha ganado 24 cintas de premios. Las colgó en su pared en 3 filas, con el mismo número de cintas en cada fila. ¿Cuántas cintas hay en cada fila?

____

3. Mai fue al cine 9 veces este mes. Pagó 4 dólares para ver cada película. ¿Cuánto gastó en total?

____

4. Tess sembró 45 semillas de tomate en su huerto. Las sembró en una matriz con 9 filas. ¿Cuántas semillas había en cada fila?

____

Halla el número total comenzando con el quinto conteo en secuencia y contando a partir de allí.

5. ¿Cuántas bananas hay en estos 9 racimos?

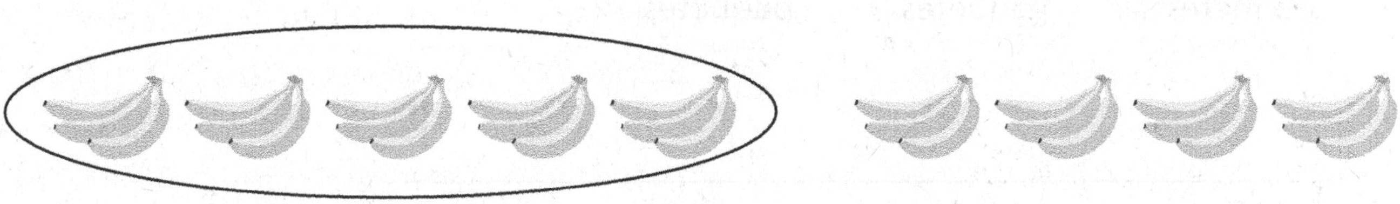

_____ _____ _____ _____ _____

1-10
Recuerda

Nombre ____________________ Fecha ____________

Multiplica o divide para hallar los números desconocidos.

1. $2 \bullet 2 = \square$
2. $10 \times \square = 70$
3. $\frac{36}{9} = \square$
4. $\square * 9 = 72$
5. $20 \div 10 = \square$
6. $\square * 10 = 40$

Escribe una ecuación para cada situación. Luego resuelve el problema.

7. El museo tiene 81 cuadros en exposición. Hay 9 cuadros en cada salón. ¿Cuántos salones hay?

   ____

8. Brian tiene 10 amigos en su fiesta. Da a cada amigo 5 tarjetas de béisbol. ¿Cuántas tarjetas de béisbol da a sus amigos?

   ____

9. **Amplía tu razonamiento** Anita quiere comprar una caja de paquetes de escarcha para dividirla por igual entre sus tres clases de arte. No quiere que sobre ningún paquete de escarcha. ¿Qué caja de paquetes de escarcha debería comprar Anita?

   ____

   ____

   ____

2×2

$\begin{array}{r} 2 \\ \times\ 3 \\ \hline \end{array}$ $\begin{array}{r} 3 \\ \times\ 2 \\ \hline \end{array}$

2×4
4×2

$\begin{array}{r} 2 \\ \times\ 5 \\ \hline \end{array}$ $\begin{array}{r} 5 \\ \times\ 2 \\ \hline \end{array}$

2×6
6×2

$\begin{array}{r} 2 \\ \times\ 7 \\ \hline \end{array}$ $\begin{array}{r} 7 \\ \times\ 2 \\ \hline \end{array}$

2×8
8×2

$\begin{array}{r} 2 \\ \times\ 9 \\ \hline \end{array}$ $\begin{array}{r} 9 \\ \times\ 2 \\ \hline \end{array}$

$10 = 2 \times 5$

$10 = 5 \times 2$

5, 10

2, 4, 6, 8, 10

5

2 | 10

$$\begin{array}{r} 2 \\ \times\ 4 \\ \hline 8 \end{array} \qquad \begin{array}{r} 4 \\ \times\ 2 \\ \hline 8 \end{array}$$

2, 4, 6, 8

4, 8

2

4 | 8

$6 = 2 \times 3$

$6 = 3 \times 2$

3, 6

2, 4, 6

3

2 | 6

$$\begin{array}{r} 2 \\ \times\ 2 \\ \hline 4 \end{array}$$

2, 4

2

2 | 4

$18 = 2 \times 9$

$18 = 9 \times 2$

9, 18

2, 4, 6, 8, 10, 12, 14, 16, 18

9

2 | 18

$$\begin{array}{r} 2 \\ \times\ 8 \\ \hline 16 \end{array} \qquad \begin{array}{r} 8 \\ \times\ 2 \\ \hline 16 \end{array}$$

8, 16

2, 4, 6, 8, 10, 12, 14, 16

2

8 | 16

$14 = 2 \times 7$

$14 = 7 \times 2$

7, 14

2, 4, 6, 8, 10, 12, 14

7

2 | 14

$$\begin{array}{r} 2 \\ \times\ 6 \\ \hline 12 \end{array} \qquad \begin{array}{r} 6 \\ \times\ 2 \\ \hline 12 \end{array}$$

6, 12

2, 4, 6, 8, 10, 12

2

6 | 12

3×3	$\begin{array}{r} 3 \\ \times\ 4 \\ \hline \end{array}$ $\begin{array}{r} 4 \\ \times\ 3 \\ \hline \end{array}$	3×5 5×3	$\begin{array}{r} 3 \\ \times\ 6 \\ \hline \end{array}$ $\begin{array}{r} 6 \\ \times\ 3 \\ \hline \end{array}$
3×7 7×3	$\begin{array}{r} 3 \\ \times\ 8 \\ \hline \end{array}$ $\begin{array}{r} 8 \\ \times\ 3 \\ \hline \end{array}$	3×9 9×3	$\begin{array}{r} 4 \\ \times\ 4 \\ \hline \end{array}$

$$18 = 3 \times 6$$
$$18 = 6 \times 3$$

6, 12, 18

3, 6, 9, 12, 15, 18

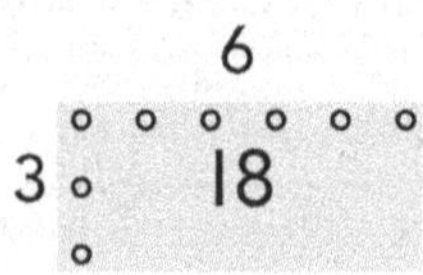

$$\begin{array}{r} 3 \\ \times\ 5 \\ \hline 15 \end{array} \qquad \begin{array}{r} 5 \\ \times\ 3 \\ \hline 15 \end{array}$$

5, 10, 15

3, 6, 9, 12, 15

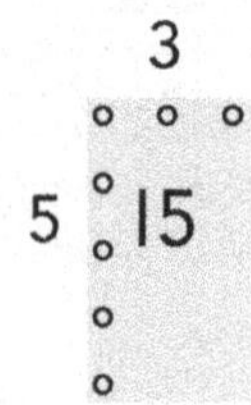

$$12 = 3 \times 4$$
$$12 = 4 \times 3$$

4, 8, 12

3, 6, 9, 12

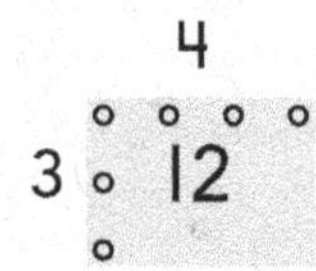

$$\begin{array}{r} 3 \\ \times\ 3 \\ \hline 9 \end{array}$$

3, 6, 9

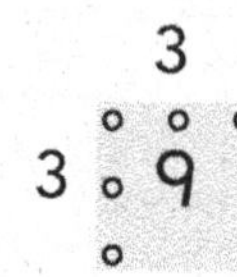

$$16 = 4 \times 4$$

4, 8, 12, 16

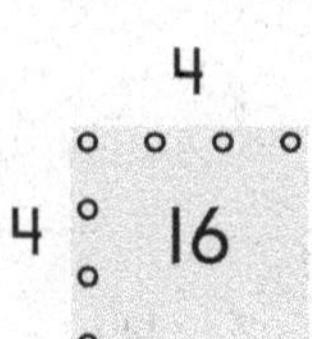

$$\begin{array}{r} 3 \\ \times\ 9 \\ \hline 27 \end{array} \qquad \begin{array}{r} 9 \\ \times\ 3 \\ \hline 27 \end{array}$$

9, 18, 27

3, 6, 9, 12, 15, 18, 21, 24, 27

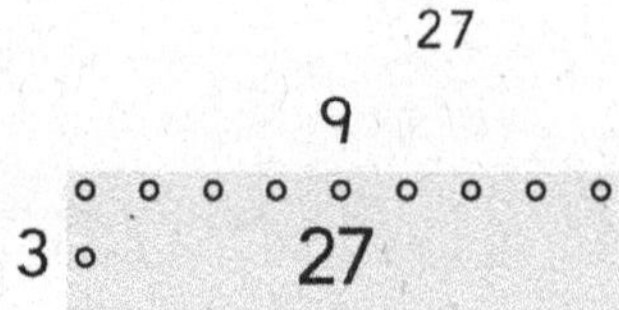

$$24 = 3 \times 8$$
$$24 = 8 \times 3$$

8, 16, 24

3, 6, 9, 12, 15, 18, 21, 24

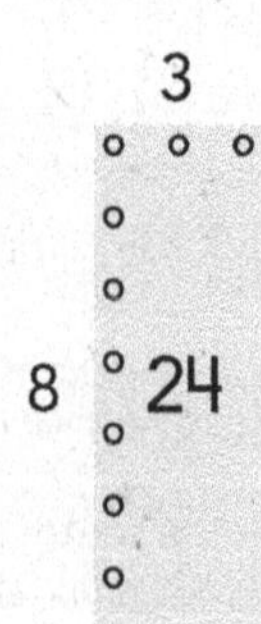

$$\begin{array}{r} 3 \\ \times\ 7 \\ \hline 21 \end{array} \qquad \begin{array}{r} 7 \\ \times\ 3 \\ \hline 21 \end{array}$$

7, 14, 21

3, 6, 9, 12, 15, 18, 21

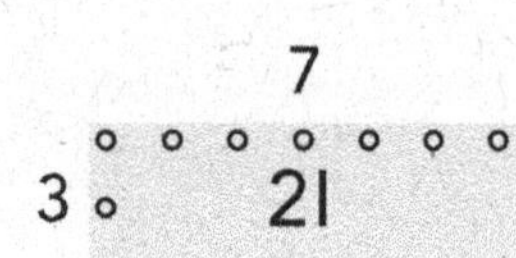

4×5
5×4

$\begin{array}{r} 4 \\ \times\ 6 \\ \hline \end{array}$ $\begin{array}{r} 6 \\ \times\ 4 \\ \hline \end{array}$

4×7
7×4

$\begin{array}{r} 4 \\ \times\ 8 \\ \hline \end{array}$ $\begin{array}{r} 8 \\ \times\ 4 \\ \hline \end{array}$

4×9
9×4

$\begin{array}{r} 5 \\ \times\ 5 \\ \hline \end{array}$

5×6
6×5

$\begin{array}{r} 5 \\ \times\ 7 \\ \hline \end{array}$ $\begin{array}{r} 7 \\ \times\ 5 \\ \hline \end{array}$

$32 = 4 \times 8$

$32 = 8 \times 4$

8, 16, 24, 32

4, 8, 12, 16, 20, 24, 28, 32

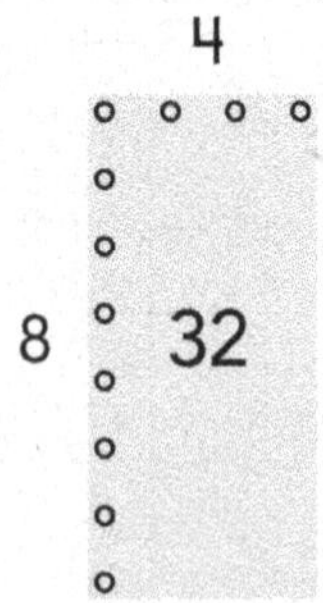

$$\begin{array}{r} 4 \\ \times\ 7 \\ \hline 28 \end{array} \qquad \begin{array}{r} 7 \\ \times\ 4 \\ \hline 28 \end{array}$$

7, 14, 21, 28

4, 8, 12, 16, 20, 24, 28

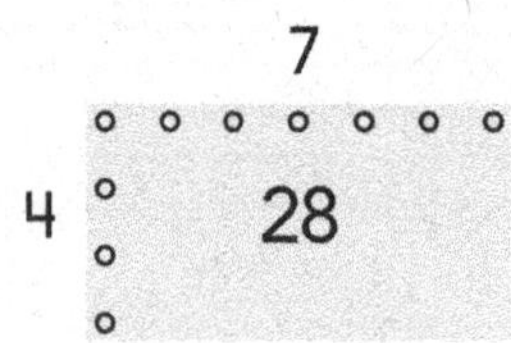

$24 = 4 \times 6$

$24 = 6 \times 4$

6, 12, 18, 24

4, 8, 12, 16, 20, 24

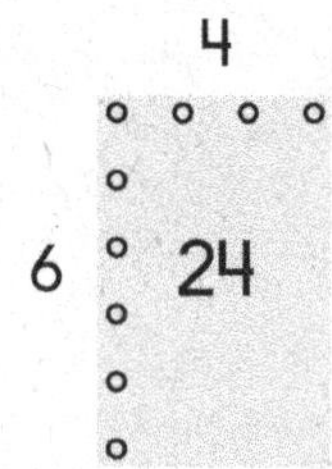

$$\begin{array}{r} 4 \\ \times\ 5 \\ \hline 20 \end{array} \qquad \begin{array}{r} 5 \\ \times\ 4 \\ \hline 20 \end{array}$$

5, 10, 15, 20

4, 8, 12, 16, 20

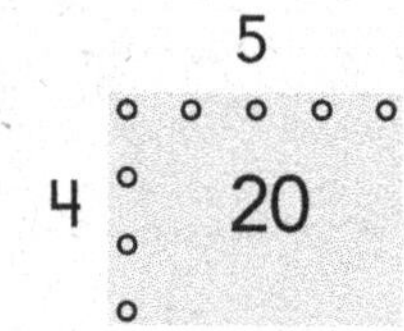

$35 = 5 \times 7$

$35 = 7 \times 5$

7, 14, 21, 28, 35

5, 10, 15, 20, 25, 30, 35

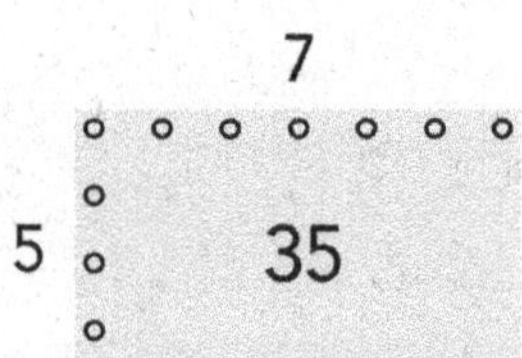

$$\begin{array}{r} 5 \\ \times\ 6 \\ \hline 30 \end{array} \qquad \begin{array}{r} 6 \\ \times\ 5 \\ \hline 30 \end{array}$$

6, 12, 18, 24, 30

5, 10, 15, 20, 25, 30

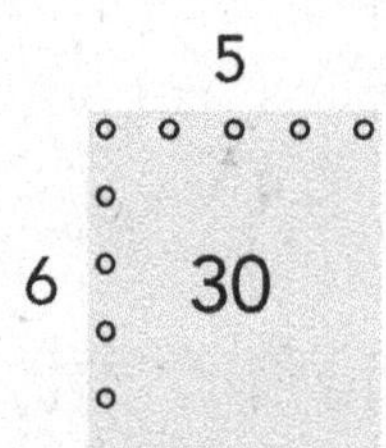

$25 = 5 \times 5$

5, 10, 15, 20, 25

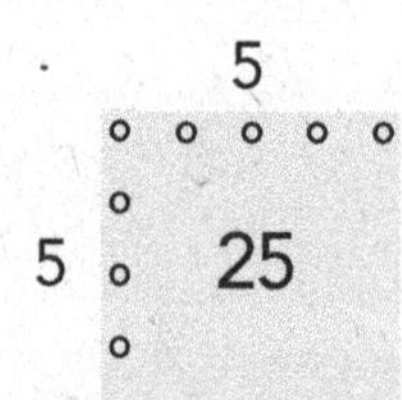

$$\begin{array}{r} 4 \\ \times 9 \\ \hline 36 \end{array} \qquad \begin{array}{r} 9 \\ \times\ 4 \\ \hline 36 \end{array}$$

9, 18, 27, 36

4, 8, 12, 16, 20, 24, 28, 32, 36

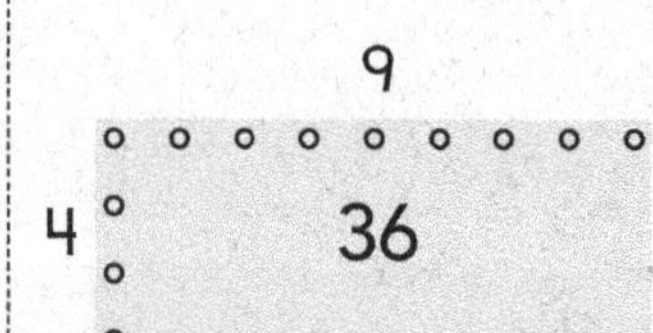

5×8
8×5

$\begin{array}{r} 5 \\ \times\ 9 \\ \hline \end{array} \quad \begin{array}{r} 9 \\ \times\ 5 \\ \hline \end{array}$

6×6

$\begin{array}{r} 6 \\ \times\ 7 \\ \hline \end{array} \quad \begin{array}{r} 7 \\ \times\ 6 \\ \hline \end{array}$

6×8
8×6

$\begin{array}{r} 6 \\ \times\ 9 \\ \hline \end{array} \quad \begin{array}{r} 9 \\ \times\ 6 \\ \hline \end{array}$

7×7

$\begin{array}{r} 7 \\ \times\ 8 \\ \hline \end{array} \quad \begin{array}{r} 8 \\ \times\ 7 \\ \hline \end{array}$

$42 = 7 \times 6$

$42 = 6 \times 7$

6	7
12	14
18	21
24	28
30	35
36	42
42	

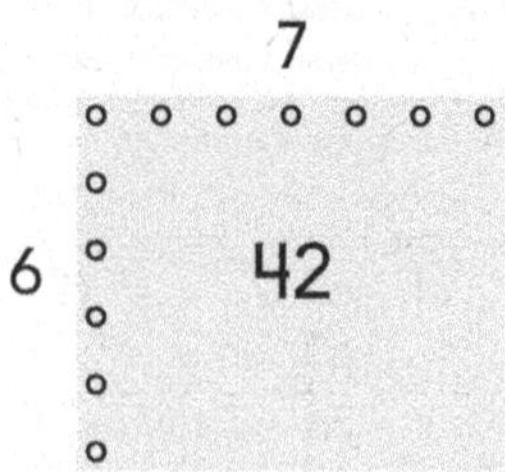

$$\begin{array}{r} 6 \\ \times\ 6 \\ \hline 36 \end{array}$$

6
12
18
24
30
36

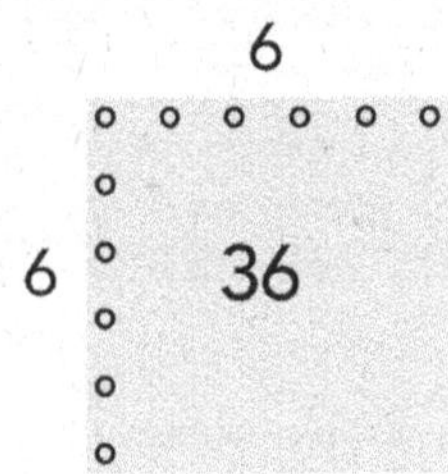

$45 = 9 \times 5$

$45 = 5 \times 9$

5	9
10	18
15	27
20	36
25	45
30	
35	
40	
45	

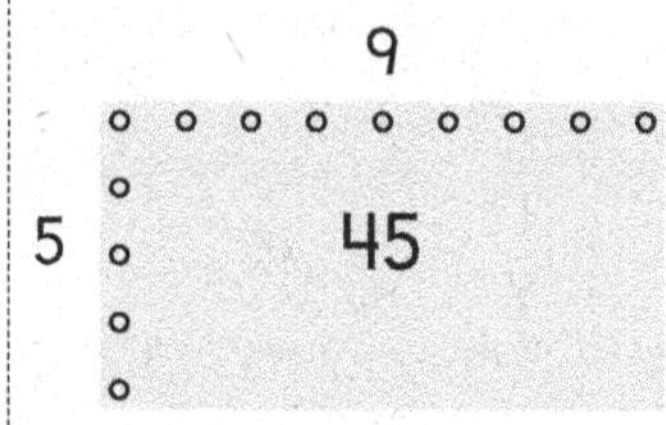

$$\begin{array}{r} 8 \\ \times\ 5 \\ \hline 40 \end{array} \quad \begin{array}{r} 5 \\ \times\ 8 \\ \hline 40 \end{array}$$

5	8
10	16
15	24
20	32
25	40
30	
35	
40	

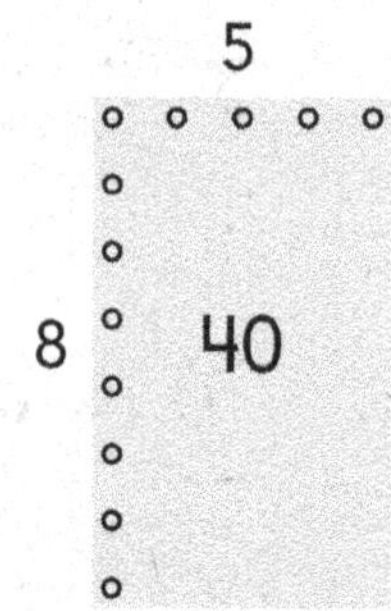

$56 = 7 \times 8$

$56 = 8 \times 7$

8	7
16	14
24	21
32	28
40	35
48	42
56	49
	56

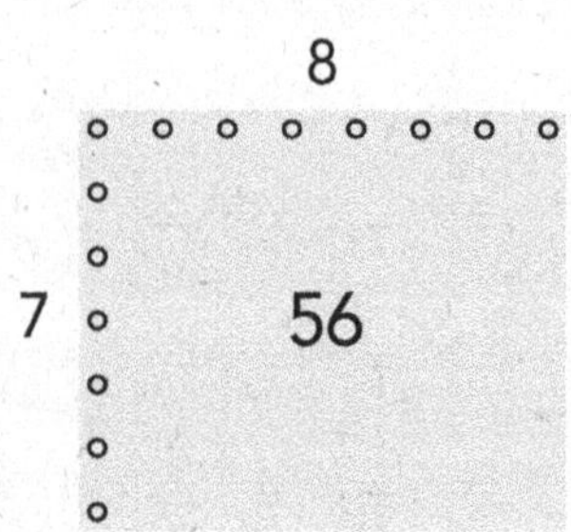

$$\begin{array}{r} 7 \\ \times\ 7 \\ \hline 49 \end{array}$$

7
14
21
28
35
42
49

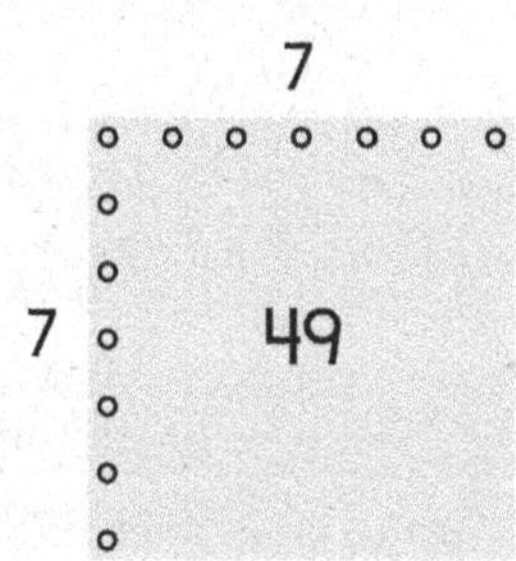

$54 = 9 \times 6$

$54 = 6 \times 9$

6	9
12	18
18	27
24	36
30	45
36	54
42	
48	
54	

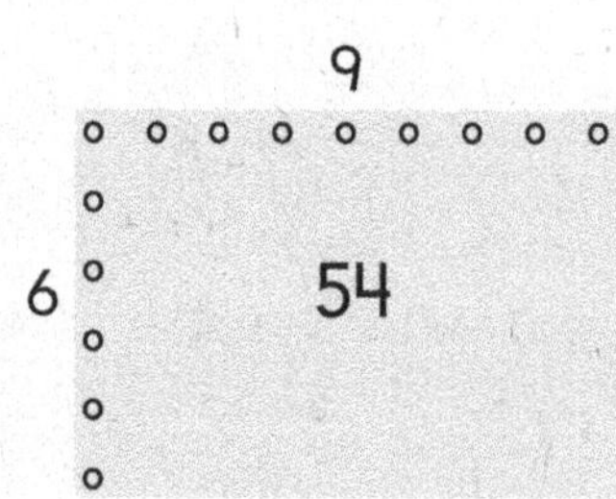

$$\begin{array}{r} 6 \\ \times\ 8 \\ \hline 48 \end{array} \quad \begin{array}{r} 8 \\ \times\ 6 \\ \hline 48 \end{array}$$

8	6
16	12
24	18
32	24
40	30
48	36
	42
	48

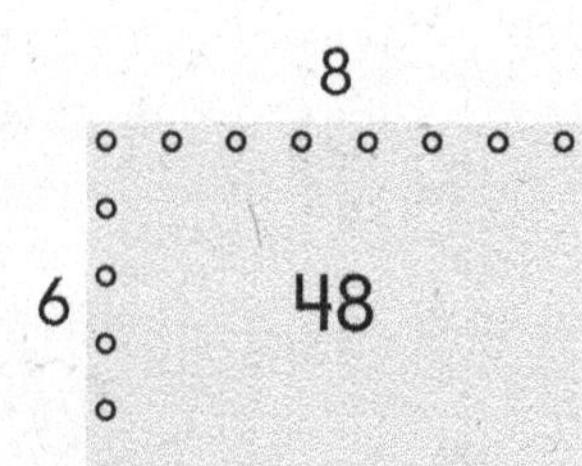

7×9
9×7

$$\begin{array}{r} 8 \\ \times\ 8 \\ \hline \end{array}$$

9×8
8×9

$$\begin{array}{r} 9 \\ \times\ 9 \\ \hline \end{array}$$

$81 = 9 \times 9$

9
18
27
36
45

54
63
72
81

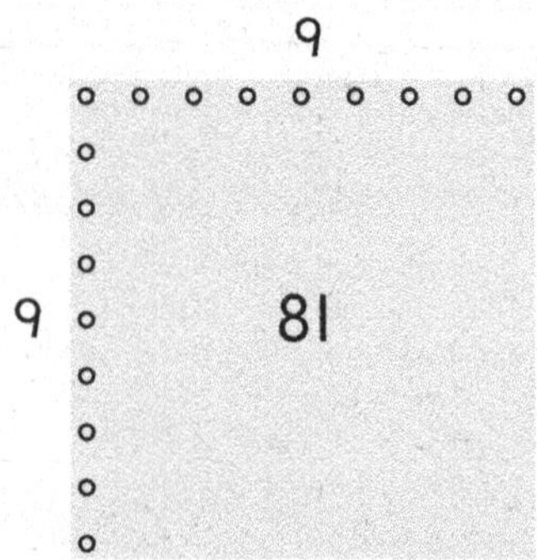

$$\begin{array}{r} 9 \\ \times\ 8 \\ \hline 72 \end{array} \qquad \begin{array}{r} 8 \\ \times\ 9 \\ \hline 72 \end{array}$$

8	9
16	18
24	27
32	36
40	45
48	54
56	63
64	72
72	

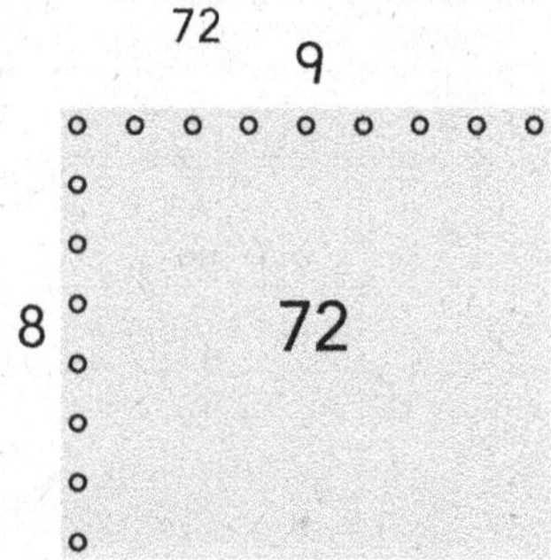

$64 = 8 \times 8$

8
16
24
32
40

48
56
64

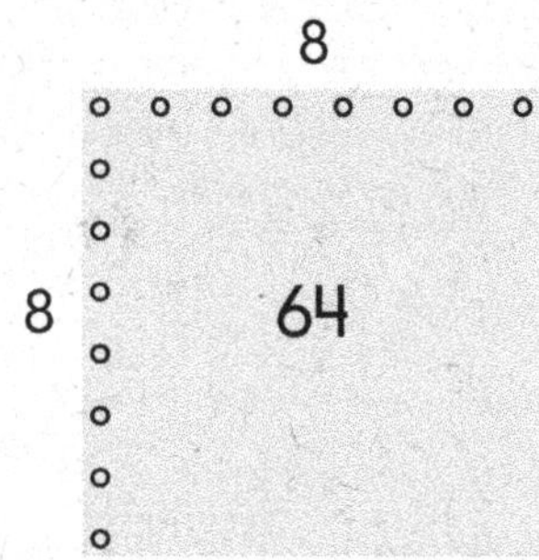

$$\begin{array}{r} 7 \\ \times\ 9 \\ \hline 63 \end{array} \qquad \begin{array}{r} 9 \\ \times\ 7 \\ \hline 63 \end{array}$$

9	7
18	14
27	21
36	28
45	35
54	42
63	49
	56
	63

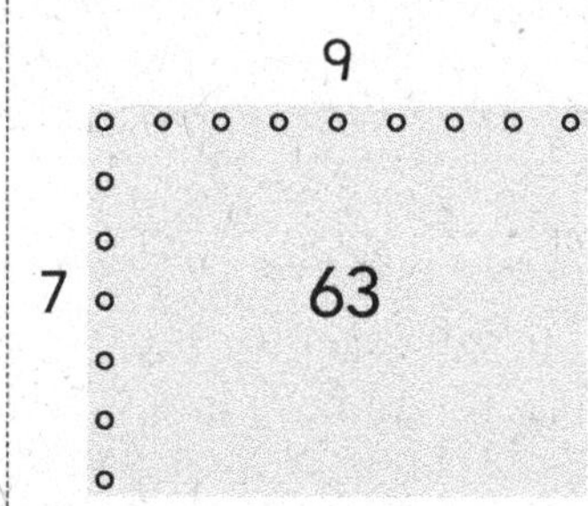

$2\overline{)4}$ $4 \div 2$	$2\overline{)6}$ $6 \div 2$	$2\overline{)8}$ $8 \div 2$	$2\overline{)10}$ $10 \div 2$
$2\overline{)12}$ $12 \div 2$	$2\overline{)14}$ $14 \div 2$	$2\overline{)16}$ $16 \div 2$	$2\overline{)18}$ $18 \div 2$

$\begin{array}{r}5\\2\overline{)10}\end{array}$ $\begin{array}{r}2\\5\overline{)10}\end{array}$

2
4
6
8
10

5
10

5
2 10

$\begin{array}{r}4\\2\overline{)8}\end{array}$ $\begin{array}{r}2\\4\overline{)8}\end{array}$

2
4
6
8

4
8

4
2 8

$\begin{array}{r}3\\2\overline{)6}\end{array}$ $\begin{array}{r}2\\3\overline{)6}\end{array}$

2
4
6

3
6

3
2 6

$\begin{array}{r}2\\2\overline{)4}\end{array}$

2
4

2
2 4

$\begin{array}{r}9\\2\overline{)18}\end{array}$ $\begin{array}{r}2\\9\overline{)18}\end{array}$

2
4
6
8
10
12
14
16
18

9
18

9
2 18

$\begin{array}{r}8\\2\overline{)16}\end{array}$ $\begin{array}{r}2\\8\overline{)16}\end{array}$

2
4
6
8
10
12
14
16

8
16

8
2 16

$\begin{array}{r}7\\2\overline{)14}\end{array}$ $\begin{array}{r}2\\7\overline{)14}\end{array}$

2
4
6
8
10
12
14

7
14

7
2 14

$\begin{array}{r}6\\2\overline{)12}\end{array}$ $\begin{array}{r}2\\6\overline{)12}\end{array}$

2
4
6
8
10
12

6
12

6
2 12

$3\overline{)6}$ $6 \div 3$	$4\overline{)8}$ $8 \div 4$	$5\overline{)10}$ $10 \div 5$	$6\overline{)12}$ $12 \div 6$
$7\overline{)14}$ $14 \div 7$	$8\overline{)16}$ $16 \div 8$	$9\overline{)18}$ $18 \div 9$	$3\overline{)9}$ $9 \div 3$

2 6
6)12 2)12

6
12

2
4
6
8
10
12

2
6 12

2 5
5)10 2)10

5
10

2
4
6
8
10

2
5 10

2 4
4)8 2)8

4
8

2
4
6
8

2
4 8

2 3
3)6 2)6

3
6

2
4
6

2
3 6

3
3)9

3
6
9

3
3 9

2 9
9)18 2)18

9
18

2
4
6
8
10
12
14
16
18

2
9 18

2 8
8)16 2)16

8
16

2
4
6
8
10
12
14
16

2
8 16

2 7
7)14 2)14

7
14

2
4
6
8
10
12
14

2
7 14

$3\overline{)12}$ $12 \div 3$	$3\overline{)15}$ $15 \div 3$	$3\overline{)18}$ $18 \div 3$	$3\overline{)21}$ $21 \div 3$
$3\overline{)24}$ $24 \div 3$	$3\overline{)27}$ $27 \div 3$	$4\overline{)12}$ $12 \div 4$	$5\overline{)15}$ $15 \div 5$

7 3
3)21 7)21

3, 6, 9, 12, 15, 18, 21

7, 14, 21

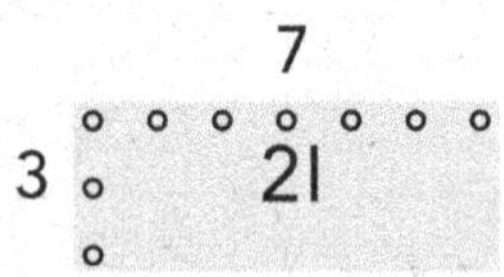

6 3
3)18 6)18

3, 6, 9, 12, 15, 18

6, 12, 18

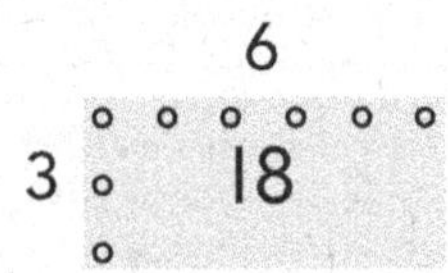

5 3
3)15 5)15

3, 6, 9, 12, 15

5, 10, 15

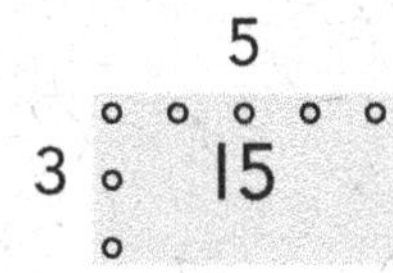

4 3
3)12 4)12

3, 6, 9, 12

4, 8, 12

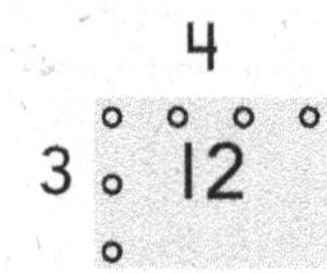

3 5
5)15 3)15

5, 10, 15

3, 6, 9, 12, 15

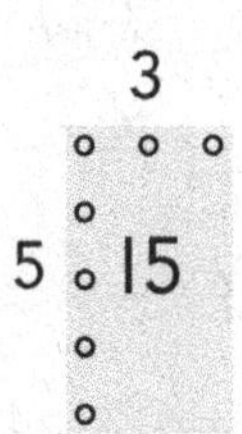

3 4
4)12 3)12

4, 8, 12

3, 6, 9, 12

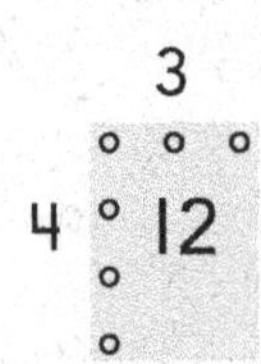

9 3
3)27 9)27

3, 6, 9, 12, 15, 18, 21, 24, 27

9, 18, 27

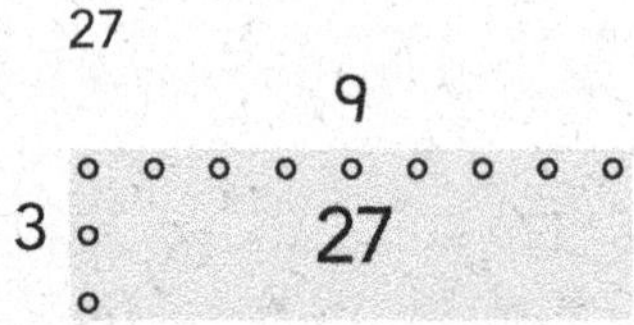

8 3
3)24 8)24

3, 6, 9, 12, 15, 18, 21, 24

8, 16, 24

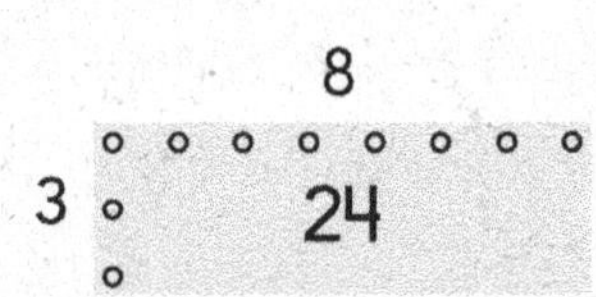

$6\overline{)18}$

$18 \div 6$

$7\overline{)21}$

$21 \div 7$

$8\overline{)24}$

$24 \div 8$

$9\overline{)27}$

$27 \div 9$

$4\overline{)16}$

$16 \div 4$

$4\overline{)20}$

$20 \div 4$

$4\overline{)24}$

$24 \div 4$

$4\overline{)28}$

$28 \div 4$

3 9

9)27 3)27

9
18
27

3
6
9
12
15

18
21
24
27

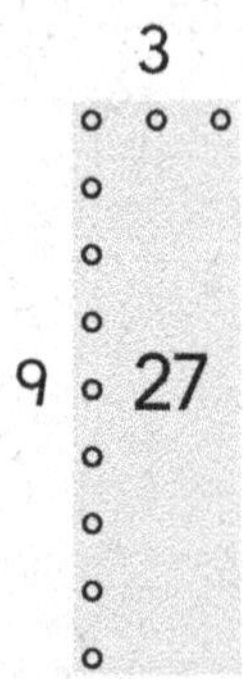

3 8

8)24 3)24

8
16
24

3
6
9
12
15

18
21
24

3 7

7)21 3)21

7
14
21

3
6
9
12
15

18
21

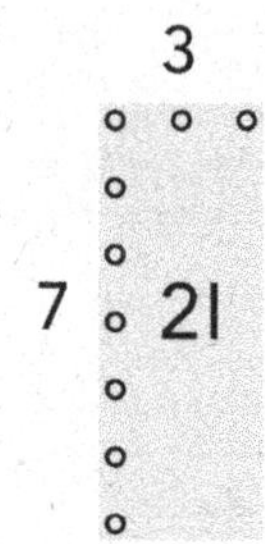

3 6

6)18 3)18

6
12
18

3
6
9
12
15

18

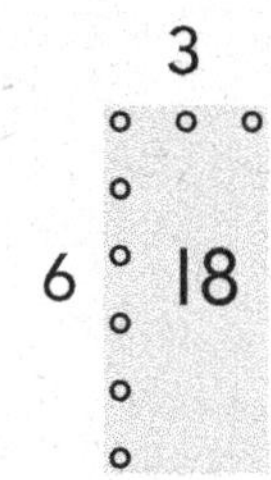

7 4

4)28 7)28

4
8
12
16
20

24
28

7
14
21
28

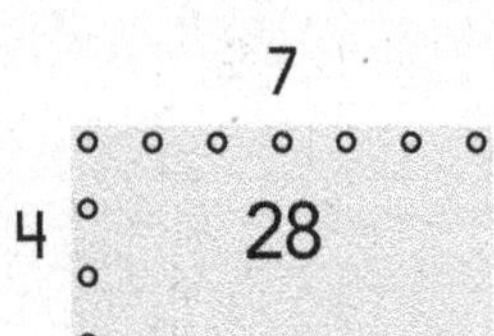

6 4

4)24 6)24

4
8
12
16
20

24

6
12
18
24

5 4

4)20 5)20

4
8
12
16
20

5
10
15
20

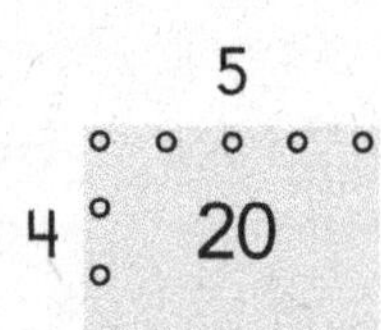

4

4)16

4
8
12
16

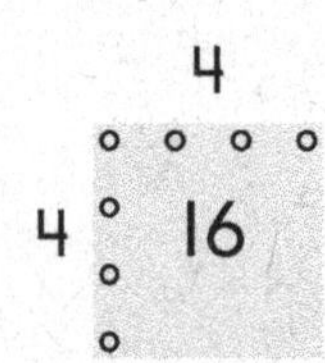

$4\overline{)32}$ $32 \div 4$	$4\overline{)36}$ $36 \div 4$	$5\overline{)20}$ $20 \div 5$	$6\overline{)24}$ $24 \div 6$
$7\overline{)28}$ $28 \div 7$	$8\overline{)32}$ $32 \div 8$	$9\overline{)36}$ $36 \div 9$	$5\overline{)25}$ $25 \div 5$

4 6

$6\overline{)24}$ $4\overline{)24}$

6, 12, 18, 24

4, 8, 12, 16, 20, 24

4

6 24

---

4 5

$5\overline{)20}$ $4\overline{)20}$

5, 10, 15, 20

4, 8, 12, 16, 20

4

5 20

---

9 4

$4\overline{)36}$ $9\overline{)36}$

4, 8, 12, 16, 20, 24, 28, 32, 36

9, 18, 27, 36

9

4 36

---

8 4

$4\overline{)32}$ $8\overline{)32}$

4, 8, 12, 16, 20, 24, 28, 32

8, 16, 24, 32

8

4 32

5

$5\overline{)25}$

5, 10, 15, 20, 25

5

5 25

---

4 9

$9\overline{)36}$ $4\overline{)36}$

9, 18, 27, 36

4, 8, 12, 16, 20, 24, 28, 32, 36

4

9 36

---

4 8

$8\overline{)32}$ $4\overline{)32}$

8, 16, 24, 32

4, 8, 12, 16, 20, 24, 28, 32

4

8 32

---

4 7

$7\overline{)28}$ $4\overline{)28}$

7, 14, 21, 28

4, 8, 12, 16, 20, 24, 28

4

7 28

$5\overline{)30}$

$30 \div 5$

$5\overline{)35}$

$35 \div 5$

$5\overline{)40}$

$40 \div 5$

$5\overline{)45}$

$45 \div 5$

$6\overline{)30}$

$30 \div 6$

$7\overline{)35}$

$35 \div 7$

$8\overline{)40}$

$40 \div 8$

$9\overline{)45}$

$45 \div 9$

$\begin{array}{r}9\\5\overline{)45}\end{array}$ $\begin{array}{r}5\\9\overline{)45}\end{array}$

5
10
15
20
25

30
35
40
45

9
18
27
36
45

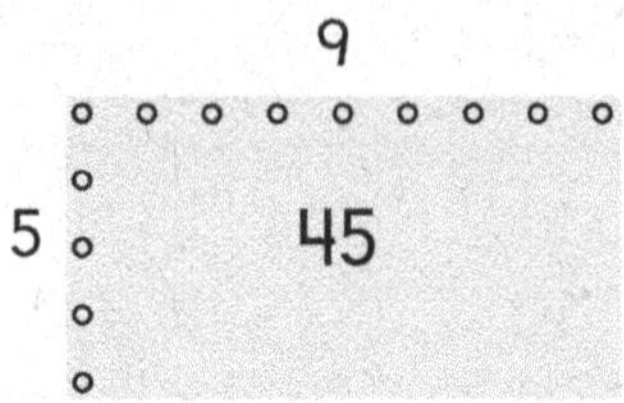

$\begin{array}{r}8\\5\overline{)40}\end{array}$ $\begin{array}{r}5\\8\overline{)40}\end{array}$

5
10
15
20
25

30
35
40

8
16
24
32
40

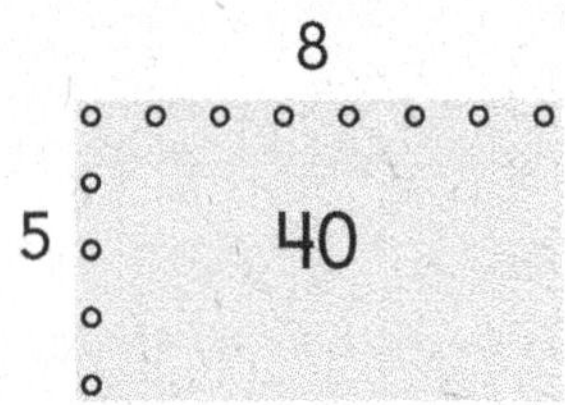

$\begin{array}{r}7\\5\overline{)35}\end{array}$ $\begin{array}{r}5\\7\overline{)35}\end{array}$

5
10
15
20
25

30
35

7
14
21
28
35

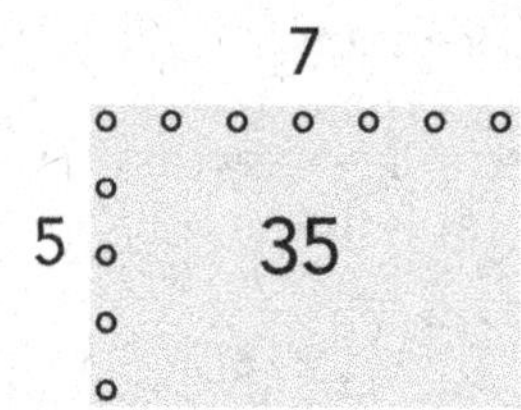

$\begin{array}{r}6\\5\overline{)30}\end{array}$ $\begin{array}{r}5\\6\overline{)30}\end{array}$

5
10
15
20
25

30

6
12
18
24
30

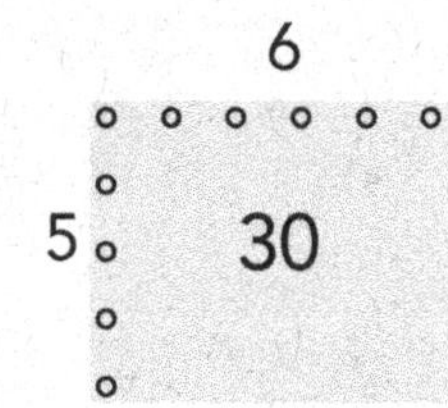

$\begin{array}{r}5\\9\overline{)45}\end{array}$ $\begin{array}{r}9\\5\overline{)45}\end{array}$

9
18
27
36
45

5
10
15
20
25

30
35
40
45

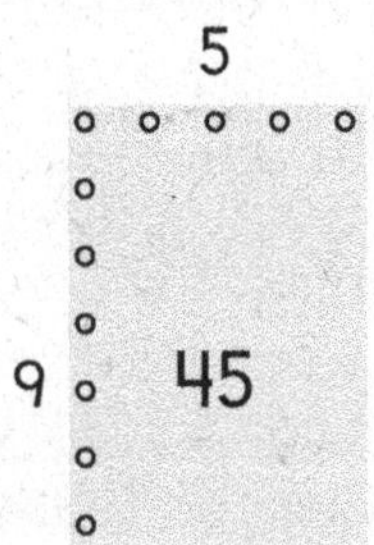

$\begin{array}{r}5\\8\overline{)40}\end{array}$ $\begin{array}{r}8\\5\overline{)40}\end{array}$

8
16
24
32
40

5
10
15
20
25

30
35
40

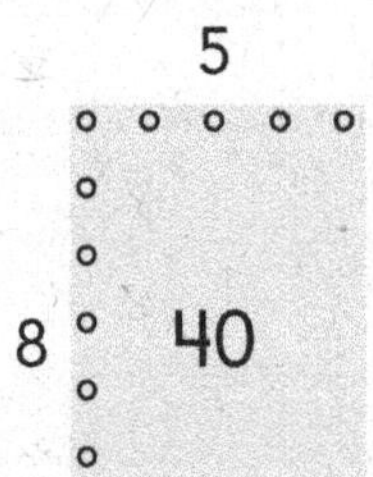

$\begin{array}{r}5\\7\overline{)35}\end{array}$ $\begin{array}{r}7\\5\overline{)35}\end{array}$

7
14
21
28
35

5
10
15
20
25

30
35

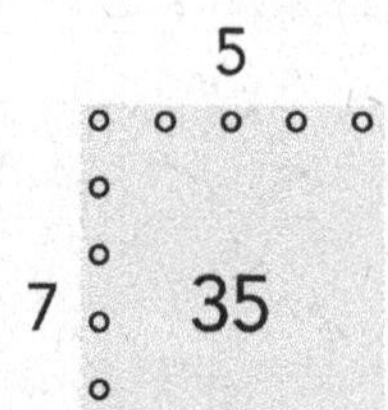

$\begin{array}{r}5\\6\overline{)30}\end{array}$ $\begin{array}{r}6\\5\overline{)30}\end{array}$

6
12
18
24
30

5
10
15
20
25

30

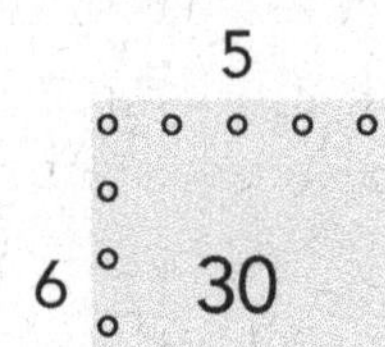

$6\overline{)36}$ $36 \div 6$	$6\overline{)42}$ $42 \div 6$	$6\overline{)48}$ $48 \div 6$	$6\overline{)54}$ $54 \div 6$
$7\overline{)42}$ $42 \div 7$	$8\overline{)48}$ $48 \div 8$	$9\overline{)54}$ $54 \div 9$	$7\overline{)49}$ $49 \div 7$

9 6

6)54 9)54

6, 12, 18, 24, 30, 36, 42, 48, 54

9, 18, 27, 36, 45, 54

9

6 54

---

8 6

6)48 8)48

6, 12, 18, 24, 30, 36, 42, 48

8, 16, 24, 32, 40, 48

8

6 48

---

7 6

6)42 7)42

6, 12, 18, 24, 30, 36, 42

7, 14, 21, 28, 35, 42

7

6 42

6

6)36

6, 12, 18, 24, 30, 36

6

6 36

7

7)49

7, 14, 21, 28, 35, 42, 49

7

7 49

---

6 9

9)54 6)54

9, 18, 27, 36, 45, 54

6, 12, 18, 24, 30, 36, 42, 48, 54

6

9 54

---

6 8

8)48 6)48

8, 16, 24, 32, 40, 48

6, 12, 18, 24, 30, 36, 42, 48

6

8 48

---

6 7

7)42 6)42

7, 14, 21, 28, 35, 42

6, 12, 18, 24, 30, 36, 42

6

7 42

$7\overline{)56}$ $56 \div 7$	$7\overline{)63}$ $63 \div 7$	$8\overline{)56}$ $56 \div 8$	$9\overline{)63}$ $63 \div 9$
$8\overline{)64}$ $64 \div 8$	$8\overline{)72}$ $72 \div 8$	$9\overline{)72}$ $72 \div 9$	$9\overline{)81}$ $81 \div 9$

$9\overline{)63}$ = 7 $7\overline{)63}$ = 9

9
18
27
36
45

54
63

7
14
21
28
35

42
49
56
63

7

9 63

$8\overline{)56}$ = 7 $7\overline{)56}$ = 8

8
16
24
32
40

48
56

7
14
21
28
35

42
49
56

7

8 56

$7\overline{)63}$ = 9 $9\overline{)63}$ = 7

7
14
21
28
35

42
49
56
63

9
18
27
36
45

54
63

9

7 63

$7\overline{)56}$ = 8 $8\overline{)56}$ = 7

7
14
21
28
35

42
49
56

8
16
24
32
40

48
56

8

7 56

$9\overline{)81}$ = 9

9
18
27
36
45

54
63
72
81

9

9 81

$9\overline{)72}$ = 8 $8\overline{)72}$ = 9

9
18
27
36
45

54
63
72

8
16
24
32
40

48
56
64
72

8

9 72

$8\overline{)72}$ = 9 $9\overline{)72}$ = 8

8
16
24
32
40

48
56
64
72

9
18
27
36
45

54
63
72

9

8 72

$8\overline{)64}$ = 8

8
16
24
32
40

48
56
64

8

8 64

Nombre Fecha

Hoja de estudio B para la casa

3		
Contar en secuencia	Mezclados ×	Mezclados ÷
1 × 3 = 3	5 × 3 = 15	27 ÷ 3 = 9
2 × 3 = 6	1 × 3 = 3	6 ÷ 3 = 2
3 × 3 = 9	8 × 3 = 24	18 ÷ 3 = 6
4 × 3 = 12	10 × 3 = 30	30 ÷ 3 = 10
5 × 3 = 15	3 × 3 = 9	9 ÷ 3 = 3
6 × 3 = 18	7 × 3 = 21	3 ÷ 3 = 1
7 × 3 = 21	9 × 3 = 27	12 ÷ 3 = 4
8 × 3 = 24	2 × 3 = 6	24 ÷ 3 = 8
9 × 3 = 27	4 × 3 = 12	15 ÷ 3 = 5
10 × 3 = 30	6 × 3 = 18	21 ÷ 3 = 7

4		
Contar en secuencia	Mezclados ×	Mezclados ÷
1 × 4 = 4	4 × 4 = 16	12 ÷ 4 = 3
2 × 4 = 8	1 × 4 = 4	36 ÷ 4 = 9
3 × 4 = 12	7 × 4 = 28	24 ÷ 4 = 6
4 × 4 = 16	3 × 4 = 12	4 ÷ 4 = 1
5 × 4 = 20	9 × 4 = 36	20 ÷ 4 = 5
6 × 4 = 24	10 × 4 = 40	28 ÷ 4 = 7
7 × 4 = 28	2 × 4 = 8	8 ÷ 4 = 2
8 × 4 = 32	5 × 4 = 20	40 ÷ 4 = 10
9 × 4 = 36	8 × 4 = 32	32 ÷ 4 = 8
10 × 4 = 40	6 × 4 = 24	16 ÷ 4 = 4

0	
Contar en secuencia	Mezclados ×
1 × 0 = 0	3 × 0 = 0
2 × 0 = 0	10 × 0 = 0
3 × 0 = 0	5 × 0 = 0
4 × 0 = 0	8 × 0 = 0
5 × 0 = 0	7 × 0 = 0
6 × 0 = 0	2 × 0 = 0
7 × 0 = 0	9 × 0 = 0
8 × 0 = 0	6 × 0 = 0
9 × 0 = 0	1 × 0 = 0
10 × 0 = 0	4 × 0 = 0

1		
Contar en secuencia	Mezclados ×	Mezclados ÷
1 × 1 = 1	5 × 1 = 5	10 ÷ 1 = 10
2 × 1 = 2	7 × 1 = 7	8 ÷ 1 = 8
3 × 1 = 3	10 × 1 = 10	4 ÷ 1 = 4
4 × 1 = 4	1 × 1 = 1	9 ÷ 1 = 9
5 × 1 = 5	8 × 1 = 8	6 ÷ 1 = 6
6 × 1 = 6	4 × 1 = 4	7 ÷ 1 = 7
7 × 1 = 7	9 × 1 = 9	1 ÷ 1 = 1
8 × 1 = 8	3 × 1 = 3	2 ÷ 1 = 2
9 × 1 = 9	2 × 1 = 2	5 ÷ 1 = 5
10 × 1 = 10	6 × 1 = 6	3 ÷ 1 = 3

1-11 Haz la tarea

Nombre ____________________ Fecha ____________

Multiplica o divide para hallar los números desconocidos. Luego comprueba tus respuestas al final de la página.

1. $3 \times 5 = \square$
2. $27 \div 9 = \square$
3. $2\overline{)20}$ (cociente: $\square$)
4. $7 \bullet 9 = \square$
5. $2 * \square = 12$
6. $18 / 3 = \square$
7. $9 \times 5 = \square$
8. $3 * \square = 21$
9. $\frac{81}{9} = \square$
10. $6 \div 3 = \square$
11. $8 \times 2 = \square$
12. $\frac{14}{2} = \square$
13. $3 \bullet 3 = \square$
14. $\square * 9 = 72$
15. $90 \div 9 = \square$
16. $\square * 2 = 18$
17. $24 \div \square = 8$
18. $12 / \square = 6$
19. $6 \bullet 5 = \square$
20. $4 \times \square = 40$
21. $\square \bullet 9 = 54$

1. 15 **2.** 3 **3.** 10 **4.** 63 **5.** 6 **6.** 6 **7.** 45 **8.** 7 **9.** 9 **10.** 2 **11.** 16
12. 7 **13.** 9 **14.** 8 **15.** 10 **16.** 9 **17.** 3 **18.** 2 **19.** 30 **20.** 10 **21.** 6

1-11
Haz la tarea

Nombre ______________________ **Fecha** __________

Plan de estudio

____
Ayudante de tareas

Haz el dibujo de un rectángulo para representar cada ejercicio. Luego halla el producto.

1. $5 \times 9 =$ ______ 2. $3 * 6 =$ ______ 3. $3 \bullet 9 =$ ______

Ashley dibujó este rectángulo grande, que está formado por dos rectángulos pequeños.

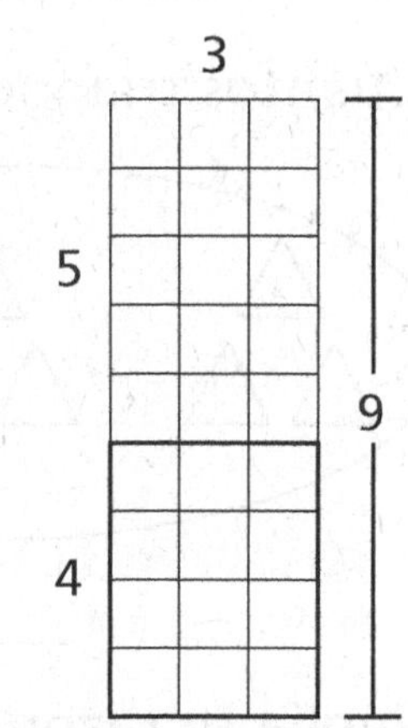

4. Halla el área del rectángulo grande hallando el área de los dos rectángulos pequeños y sumándolas.

____

____

5. Halla el área del rectángulo grande multiplicando el número de filas por el número de unidades cuadradas en cada fila.

____

6. Halla este producto: $5 \times 6 =$ ______

7. Halla este producto: $2 \times 6 =$ ______

8. Usa tus respuestas de los ejercicios 6 y 7 para hallar este producto: $7 \times 6 =$ ______

1-11
Recuerda

Nombre ______________________ Fecha ____________

Multiplica o divide para hallar los números desconocidos.

1. $30 \div 3 = \square$
2. $5 * \square = 40$
3. $\frac{18}{9} = \square$
4. $3 \bullet 8 = \square$
5. $5\overline{)25}$ (answer box $\square$ above)
6. $\square \times 2 = 14$

Escribe una ecuación y resuelve el problema.

7. Hay 50 clips en la caja. Cada proyecto de arte requiere 10 clips. ¿Cuántos proyectos de arte se pueden hacer con la caja de 50 clips?

____

8. Hay 27 juguetes en 3 cajas. Cada caja tiene el mismo número de juguetes. ¿Cuántos juguetes hay en cada caja?

____

Halla el número total comenzando con el tercer conteo en secuencia y contando desde allí.

9. ¿Cuántos triángulos hay en estos 7 conjuntos?

______ ______ ______ ______

10. **Amplía tu razonamiento** Aiden sabe la longitud de un solo lado de su huerto. Dice que podrá hallar el área si sabe un solo lado. Explica cómo puede ser esto cierto.

____

____

____

1-12
Haz la tarea

Nombre Fecha

Usa esta tabla para practicar contar en secuencia, multiplicar y dividir de 4 en 4. Luego pide a tu ayudante de tareas que te evalúe.

	× En orden	× Mezclados	÷ Mezclados
4	1 × 4 = 4	9 × 4 = 36	20 ÷ 4 = 5
	2 × 4 = 8	5 × 4 = 20	4 ÷ 4 = 1
	3 × 4 = 12	7 × 4 = 28	16 ÷ 4 = 4
	4 × 4 = 16	2 × 4 = 8	36 ÷ 4 = 9
	5 × 4 = 20	4 × 4 = 16	24 ÷ 4 = 6
	6 × 4 = 24	1 × 4 = 4	12 ÷ 4 = 3
	7 × 4 = 28	6 × 4 = 24	32 ÷ 4 = 8
	8 × 4 = 32	8 × 4 = 32	8 ÷ 4 = 2
	9 × 4 = 36	3 × 4 = 12	40 ÷ 4 = 10
	10 × 4 = 40	10 × 4 = 40	28 ÷ 4 = 7

1-12
Haz la tarea

Nombre ______________________ **Fecha** ______________

Multiplica o divide para hallar los números desconocidos. Luego comprueba tus respuestas al final de la página.

1. $4 \times 9 = \square$
2. $12 \div 3 = \square$
3. $4 * 8 = \square$
4. $30 / 3 = \square$
5. $3 \bullet \square = 24$
6. $9\overline{)81}$ $\square$
7. $6 \times 3 = \square$
8. $\frac{27}{3} = \square$
9. $9 \times 10 = \square$
10. $24 / 4 = \square$
11. $10 \bullet 3 = \square$
12. $16 \div 4 = \square$
13. $9 * \square = 63$
14. $\frac{36}{4} = \square$
15. $7 \bullet 4 = \square$
16. $20 / 4 = \square$
17. $9\overline{)54}$ $\square$
18. $3 * 7 = \square$
19. $\square \times 4 = 4$
20. $15 \div 3 = \square$
21. $4 \times \square = 16$

1. 36 **2.** 4 **3.** 32 **4.** 10 **5.** 8 **6.** 9 **7.** 18 **8.** 9 **9.** 90 **10.** 6 **11.** 30
12. 4 **13.** 7 **14.** 9 **15.** 28 **16.** 5 **17.** 6 **18.** 21 **19.** 1 **20.** 5 **21.** 4

1-12
Haz la tarea

Nombre Fecha

Hoja de comprobación para la casa 4: 3 y 4

3 Multiplicaciones	3 Divisiones	4 Multiplicaciones	4 Divisiones
8 × 3 = 24	9 / 3 = 3	1 × 4 = 4	40 / 4 = 10
3 ● 2 = 6	21 ÷ 3 = 7	4 ● 5 = 20	12 ÷ 4 = 3
3 * 5 = 15	27 / 3 = 9	8 * 4 = 32	24 / 4 = 6
10 × 3 = 30	3 ÷ 3 = 1	3 × 4 = 12	8 ÷ 4 = 2
3 ● 3 = 9	18 / 3 = 6	4 ● 6 = 24	4 / 4 = 1
3 * 6 = 18	12 ÷ 3 = 4	4 * 9 = 36	28 ÷ 4 = 7
7 × 3 = 21	30 / 3 = 10	10 × 4 = 40	32 / 4 = 8
3 ● 9 = 27	6 ÷ 3 = 2	4 ● 7 = 28	16 ÷ 4 = 4
4 * 3 = 12	24 / 3 = 8	4 * 4 = 16	36 / 4 = 9
3 × 1 = 3	15 / 3 = 5	2 × 4 = 8	20 / 4 = 5
3 ● 4 = 12	21 ÷ 3 = 7	4 ● 3 = 12	4 ÷ 4 = 1
3 * 3 = 9	3 / 3 = 1	4 * 2 = 8	32 / 4 = 8
3 × 10 = 30	9 ÷ 3 = 3	9 × 4 = 36	8 ÷ 4 = 2
2 ● 3 = 6	27 / 3 = 9	1 ● 4 = 4	16 / 4 = 4
3 * 7 = 21	30 ÷ 3 = 10	4 * 6 = 24	36 ÷ 4 = 9
6 × 3 = 18	18 / 3 = 6	5 × 4 = 20	12 / 4 = 3
5 ● 3 = 15	6 ÷ 3 = 2	4 ● 4 = 16	40 ÷ 4 = 10
3 * 8 = 24	15 ÷ 3 = 5	7 * 4 = 28	20 ÷ 4 = 5
9 × 3 = 27	12 / 3 = 4	8 × 4 = 32	24 / 4 = 6
2 ● 3 = 6	24 ÷ 3 = 8	10 ● 4 = 40	28 ÷ 4 = 7

Nombre ____________________ Fecha ____________

Plan de estudio

____
Ayudante de tareas

Resuelve cada problema.

1. Colin tenía 16 rompecabezas. Dio 4 rompecabezas a cada uno de sus sobrinos. ¿Cuántos sobrinos tiene Colin?

____

2. Allegra hizo una lista de los nombres de sus compañeros de clase en 4 columnas, con 7 nombres en cada columna. ¿Cuántos compañeros de clase tiene Allegra?

____

Este rectángulo grande está formado por dos rectángulos pequeños.

3. Halla el área del rectángulo grande hallando el área de los dos rectángulos pequeños y sumándolas.

____

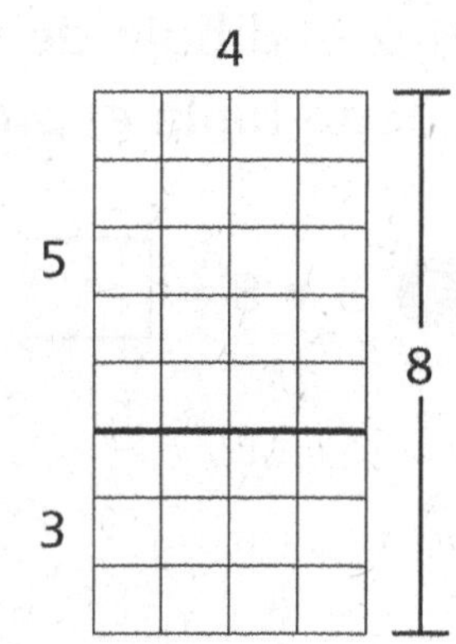

4. Halla el área del rectángulo grande multiplicando el número de filas por el número de unidades cuadradas que hay en cada fila.

____

Este dibujo de partes iguales muestra que 6 grupos de 9 es igual que 5 grupos de 9 más 1 grupo de 9.

5. Halla 5 × 9 y 1 × 9 y suma las respuestas.

____

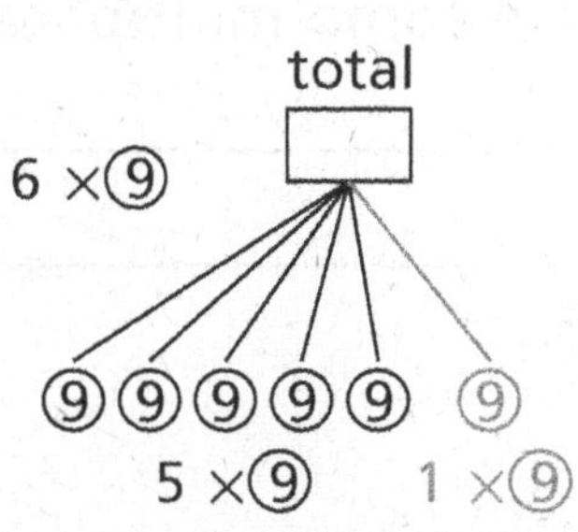

6. Halla 6 × 9. ¿Obtuviste la misma respuesta que en la pregunta 5?

____

1-12
Recuerda

Nombre ____________________ Fecha ____________

Multiplica o divide para hallar los números desconocidos.

1. $18 \div 2 = \square$
2. $9 * \square = 72$
3. $\frac{40}{5} = \square$
4. $2 \bullet 7 = \square$
5. $5\overline{)30}$ (cociente: $\square$)
6. $\square \times 10 = 70$

Escribe una ecuación y resuelve el problema.

7. Sydney tiene pilas de 10 hojas de adhesivos. Tiene 100 hojas en total. ¿Cuántas pilas tiene?

____

8. El maestro Thomas da 4 crayones a cada uno de 8 estudiantes. ¿Cuántos crayones entrega?

____

Haz el dibujo de un rectángulo para representar cada multiplicación. Luego halla el producto.

9. $3 \bullet 8 = \square$
10. $2 \bullet 9 = \square$

11. **Amplía tu razonamiento** Explica cómo puedes resolver 8×8 si sabes cómo multiplicar con 4 pero no cómo multiplicar con 8.

____

____

1-13
Haz la tarea

Nombre ______________________ Fecha ______________

Plan de estudio

____
Ayudante de tareas

Escribe una ecuación y resuelve el problema.

1. Pablo colgó sus pinturas de acuarela en una matriz con 3 filas y 4 columnas. ¿Cuántas pinturas colgó Pablo?

____

2. Un grupo de 7 amigos fueron de excursión. Cada persona llevó 3 barras de granola. ¿Qué número total de barras de granola llevaron los amigos?

____

3. Jon tenía 45 hojas de cartulina. Usó 9 hojas para hacer estrellas de papel. ¿Cuántas hojas tiene ahora?

____

Puedes combinar las multiplicaciones que sepas para hallar las multiplicaciones que no sepas.

4. Halla este producto: $5 \times 8 =$ ______
5. Halla este producto: $1 \times 8 =$ ______
6. Usa las respuestas de los ejercicios 4 y 5 para hallar este producto: $6 \times 8 =$ ______

Nombre ______________________ Fecha ____________

Escribe una ecuación y resuelve el problema.

❶ Tamara tiene 3 prácticas de fútbol por semana. ¿Cuántas prácticas tendrá después de 7 semanas?

____

❷ David tiene 24 objetos para poner en bolsas. Si pone 3 objetos en cada bolsa, ¿cuántas bolsas necesita?

____

Resuelve cada problema.

El dibujo de partes iguales de la derecha muestra que 8 grupos de 4 es igual que 7 grupos de 4 más 1 grupo de 4.

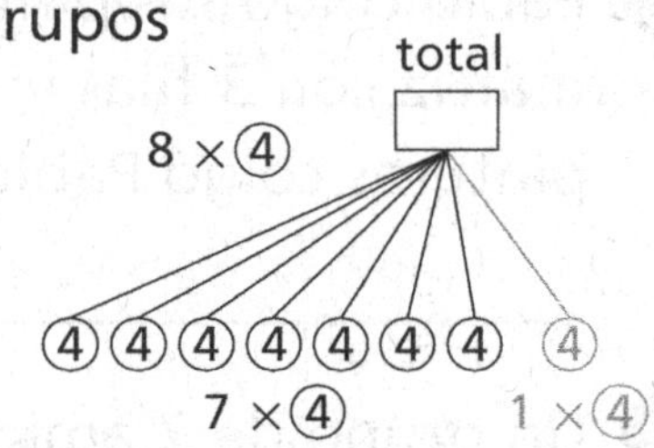

❸ Halla 7 × ④ y 1 × ④. Luego suma las respuestas.

____

❹ Halla 8 × ④. ¿Obtuviste la misma respuesta que en el ejercicio 3?

____

❺ Halla el área del rectángulo grande hallando el área de los dos rectángulos pequeños y sumándolas.

____

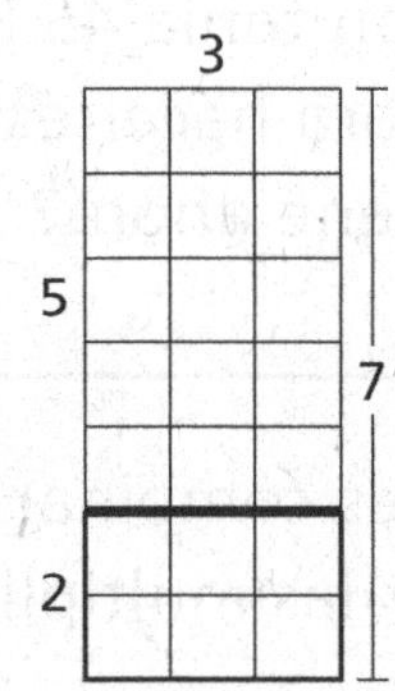

❻ Halla el área del rectángulo grande multiplicando el número de filas por el número de cuadrados que hay en cada fila.

____

❼ **Amplía tu razonamiento** Elige una tarjeta de estrategia. Sin mirar el reverso, escribe dos estrategias que puedas usar para resolverla. Voltéala para comprobar.

____

____

____

1-14
Haz la tarea

Nombre ______________________ Fecha ______________

Plan de estudio

____
Ayudante de tareas

Multiplica o divide para hallar los números desconocidos.

1. 4 * 3 = ______
2. 4 × ______ = 28
3. 27 ÷ 9 = ______
4. 30 / 5 = ______
5. 9 • 9 = ______
6. 8 × ______ = 16
7. 3 • ______ = 18
8. 21 ÷ 3 = ______
9. 45 / 5 = ______

Escribe una ecuación y resuelve el problema. *Muestra tu trabajo.*

10. Hay 4 tazas de medir en un conjunto. La clase de ciencias del maestro Li tiene 8 conjuntos de tazas de medir. ¿Cuántas tazas hay en total?

____

11. Un tiovivo tiene 40 caballos. Hay 4 caballos en cada fila. ¿Cuántas filas hay en el tiovivo?

____

12. Kevin dijo que faltan 2 semanas para su cumpleaños. Una semana son 7 días. ¿Cuántos días faltan para el cumpleaños de Kevin?

____

1-14
Recuerda

Nombre ____________________ Fecha ____________

1. Halla este producto: $3 \times 9 =$ ______

2. Halla este producto: $5 \times 9 =$ ______

3. Usa tus respuestas a los ejercicios 1 y 2 para hallar este producto: $8 \times 9 =$ ______

Multiplica o divide para hallar los números desconocidos.

4. $3 \bullet 6 = \square$

5. $5\overline{)40}$ = $\square$

6. $\square \times 4 = 28$

7. $32 \div 8 = \square$

8. $5 * \square = 35$

9. $\frac{16}{4} = \square$

10. $\frac{16}{2} = \square$

11. $30 \div \square = 3$

12. $4 \times \square = 12$

Escribe una ecuación y resuelve el problema.

13. Lauren usa 30 cuentas para hacer 5 brazaletes. Usa el mismo número de cuentas para cada brazalete. ¿Cuántas cuentas hay en cada brazalete?

____

14. Eric coloca sillas para una reunión en 6 filas de 9. ¿Cuántas sillas coloca?

____

15. **Amplía tu razonamiento** Imagina que tu maestro te pide que escribas un problema en el que uses el número 3. ¿Cuál será el mejor objeto para usar en tu problema? Explica. Luego escribe y resuelve un problema en el que uses ese objeto.

triciclo **bicicleta** **carretilla**

____

____

____

1-15
Haz la tarea

Nombre ______________________ Fecha ______________

	× En orden	× Mezclados	÷ Mezclados
1	$1 \times 1 = 1$	$3 \times 1 = 3$	$7 \div 1 = 7$
	$2 \times 1 = 2$	$7 \times 1 = 7$	$10 \div 1 = 10$
	$3 \times 1 = 3$	$1 \times 1 = 1$	$3 \div 1 = 3$
	$4 \times 1 = 4$	$10 \times 1 = 10$	$9 \div 1 = 9$
	$5 \times 1 = 5$	$6 \times 1 = 6$	$1 \div 1 = 1$
	$6 \times 1 = 6$	$2 \times 1 = 2$	$4 \div 1 = 4$
	$7 \times 1 = 7$	$5 \times 1 = 5$	$5 \div 1 = 5$
	$8 \times 1 = 8$	$8 \times 1 = 8$	$8 \div 1 = 8$
	$9 \times 1 = 9$	$4 \times 1 = 4$	$2 \div 1 = 2$
	$10 \times 1 = 10$	$9 \times 1 = 9$	$6 \div 1 = 6$

	× En orden	× Mezclados
0	$1 \times 0 = 0$	$3 \times 0 = 0$
	$2 \times 0 = 0$	$7 \times 0 = 0$
	$3 \times 0 = 0$	$1 \times 0 = 0$
	$4 \times 0 = 0$	$10 \times 0 = 0$
	$5 \times 0 = 0$	$6 \times 0 = 0$
	$6 \times 0 = 0$	$2 \times 0 = 0$
	$7 \times 0 = 0$	$5 \times 0 = 0$
	$8 \times 0 = 0$	$8 \times 0 = 0$
	$9 \times 0 = 0$	$4 \times 0 = 0$
	$10 \times 0 = 0$	$9 \times 0 = 0$

1-15
Haz la tarea

Nombre ______________________ Fecha ______________

Multiplica o divide para hallar los números desconocidos. Luego comprueba tus respuestas al final de la página.

1. $4 \times 1 = \square$
2. $12 \div 3 = \square$
3. $7 * 0 = \square$
4. $0 / 5 = \square$
5. $4 \bullet \square = 8$
6. $\frac{2}{1} = \square$
7. $10 \times 1 = \square$
8. $\frac{0}{4} = \square$
9. $1 \times 0 = \square$
10. $3\overline{)9}$ $\square$
11. $10 \bullet 9 = \square$
12. $0 \div 1 = \square$
13. $3 * \square = 3$
14. $\frac{8}{1} = \square$
15. $0 \bullet 7 = \square$
16. $24 / 3 = \square$
17. $1 \div 1 = \square$
18. $10 * 2 = \square$
19. $\square \times 3 = 0$
20. $3\overline{)18}$ $\square$
21. $1 \times \square = 4$
22. $\square \times 5 = 25$
23. $6 \bullet 9 = \square$
24. $10 \div 1 = \square$

1. 4 **2.** 4 **3.** 0 **4.** 0 **5.** 2 **6.** 2 **7.** 10 **8.** 0 **9.** 0 **10.** 3 **11.** 90 **12.** 0
13. 1 **14.** 8 **15.** 0 **16.** 8 **17.** 1 **18.** 20 **19.** 0 **20.** 6 **21.** 4 **22.** 5
23. 54 **24.** 10

Nombre ______________________ Fecha ______________________

Plan de estudio

____
Ayudante de tareas

Completa.

1. $3 \times (4 \times 2) = \square$
2. $(5 \times 2) \times 8 = \square$
3. $5 \times (0 \times 9) = \square$
4. $25 \times 1 = \square$
5. $3 \times 9 = 9 \times = \square = \square$
6. $6 \times (3 \times 2) = \square$

Escribe una ecuación y resuelve el problema.

7. Paul colocó velas de cumpleaños en el pastel de su hermano. Las ordenó en una matriz con 8 filas y 1 columna. ¿Cuántas velas colocó en el pastel? ______________________

8. Hay 24 personas en la sección de metales de la banda de marcha. Se colocan en una matriz de 4 personas en cada fila. ¿Cuántas filas hay?

____

9. A Freya no le gustan los pimientos; por lo tanto, cultivó 0 pimientos en su huerto. Dividió los pimientos por igual entre sus 4 primos. ¿Cuántos pimientos recibió cada primo?

____

10. Cal tenía 6 revistas de historietas. Después de dar 1 revista de historietas a cada uno de sus primos, no le quedó ninguna. ¿Cuántos primos tiene Cal?

____

Nombre ______________________ Fecha ______________

Resuelve cada problema.

1 Halla el área del rectángulo grande hallando el área de los dos rectángulos pequeños y sumándolas.

____

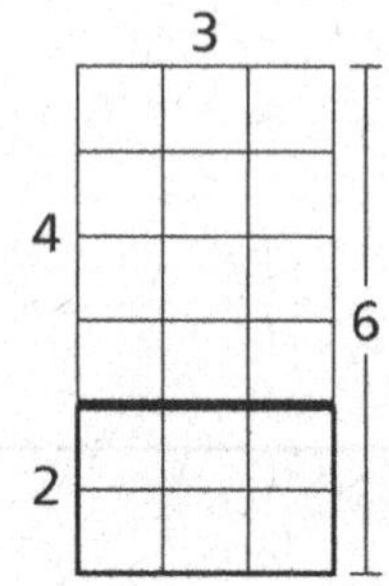

2 Halla el área del rectángulo grande multiplicando el número de filas por el número de unidades cuadradas que hay en cada fila.

____

Escribe una ecuación y resuelve el problema.

3 Dwight tiene 72 monedas de 1¢ en un frasco. Saca 9 monedas. ¿Cuántas monedas de 1¢ hay en el frasco ahora?

____

4 Hay 3 bolsas de pelotas de fútbol. En cada bolsa hay 7 pelotas de fútbol. ¿Cuántas pelotas de fútbol hay en total?

____

Multiplica o divide para hallar los números desconocidos.

5 $\begin{array}{r}\square\\3\overline{)21}\end{array}$

6 $\square * 10 = 80$

7 $\frac{81}{9} = \square$

8 $9 \times \square = 63$

9 $2 \bullet 6 = \square$

10 $\square \div 5 = 5$

11 **Amplía tu razonamiento** Escribe y resuelve una ecuación con los números 0 y 9. Luego escribe una ecuación con los números 1 y 9 que tenga la misma respuesta.

____

Nombre ______ Fecha ______

Plan de estudio

______
Ayudante de tareas

Lee cada problema y decide qué tipo de problema es. Escribe la letra a partir de la siguiente lista. Luego escribe una ecuación y resuelve el problema.

a. Matriz: Multiplicación
b. Matriz: División
c. Grupos iguales: Multiplicación
d. Grupos iguales: División con un grupo de tamaño desconocido
e. Grupos iguales: División con un multiplicador desconocido (número de grupos)

1. Un granjero recolectó huevos del gallinero. Puede poner 36 huevos en un cartón. En un cartón caben 6 huevos en una fila. ¿Cuántas filas tiene el cartón de huevos?

______

2. El concurso de ciencias de Watertown permitía que compitieran equipos de 5 estudiantes. Si se registraron 45 estudiantes al concurso, ¿cuántos equipos compitieron?

______

3. La zapatería Pies Felices hace una liquidación. Se exhiben 10 pares de zapatos en cada fila del estante de liquidación. Si en el estante hay 8 filas, ¿cuántos pares de zapatos hay en liquidación?

______

4. Laura tiene 5 peces dorados. Compró 2 plantas de agua pequeñas para cada pez dorado. ¿Cuántas plantas compró?

______

5. Yolanda hizo 16 hebillas. Dividió las hebillas por igual entre sus 4 amigas. ¿Cuántas hebillas recibió cada amiga?

______

6. Carson tiene 12 tarjetas de béisbol para regalar. Si da 3 tarjetas a cada amigo, ¿a cuántos amigos puede dar tarjetas?

______

1-16
Recuerda

Nombre ______________________ Fecha ____________

Puedes combinar multiplicaciones que sepas para hallar multiplicaciones que no sepas.

1. Halla este producto: $3 \times 7 =$ ______
2. Halla este producto: $4 \times 7 =$ ______
3. Usa las respuestas de los ejercicios 1 y 2 para hallar este producto: $7 \times 7 =$ ______

Escribe una ecuación y resuelve el problema. *Muestra tu trabajo.*

4. Susan compra 9 paquetes de vasos. Hay 8 vasos en cada paquete. ¿Cuántos vasos compra en total?

   ____

5. El equipo de fútbol americano tiene 30 jugadores. Los jugadores se alinean para hacer ejercicio con 5 en cada fila. ¿Cuántas filas hay?

   ____

6. Bill obtuvo 63 puntos en su videojuego. Recibe 9 puntos por cada nivel que completa. ¿Cuántos niveles completó?

   ____

Completa.

7. $4 \times (5 \times 1) = \square$
8. $6 \times 9 = 9 \times \square = \square$
9. $(10 \times 1) \times 7 = \square$
10. $9 \times (5 \times 0) = \square$
11. $26 \times 1 = \square$
12. $5 \times (3 \times 3) = \square$
13. **Amplía tu razonamiento** Escribe un problema en el que uses $24 \div 3$. Luego resuelve tu problema.

    ____

    ____

1-17
Haz la tarea

Nombre Fecha

Hoja de comprobación 5 para la casa: 1 y 0

1 Multiplicaciones	1 Divisiones	0 Multiplicaciones
1 × 4 = 4	10 / 1 = 10	4 × 0 = 0
5 • 1 = 5	5 ÷ 1 = 5	2 • 0 = 0
7 * 1 = 7	7 / 1 = 7	0 * 8 = 0
1 × 8 = 8	9 ÷ 1 = 9	0 × 5 = 0
1 • 6 = 6	3 / 1 = 3	6 • 0 = 0
10 * 1 = 10	10 ÷ 1 = 10	0 * 7 = 0
1 × 9 = 9	2 / 1 = 2	0 × 2 = 0
3 • 1 = 3	8 ÷ 1 = 8	0 • 9 = 0
1 * 2 = 2	6 / 1 = 6	10 * 0 = 0
1 × 1 = 1	9 / 1 = 9	1 × 0 = 0
8 • 1 = 8	1 ÷ 1 = 1	0 • 6 = 0
1 * 7 = 7	5 / 1 = 5	9 * 0 = 0
1 × 5 = 5	3 ÷ 1 = 3	0 × 4 = 0
6 • 1 = 6	4 / 1 = 4	3 • 0 = 0
1 * 1 = 1	2 ÷ 1 = 2	0 * 3 = 0
1 × 10 = 10	8 / 1 = 8	8 × 0 = 0
9 • 1 = 9	4 ÷ 1 = 4	0 • 10 = 0
4 * 1 = 4	7 ÷ 1 = 7	0 * 1 = 0
2 × 1 = 2	1 / 1 = 1	5 × 0 = 0
1 • 3 = 3	6 ÷ 1 = 6	7 • 0 = 0

1-17
Haz la tarea

Nombre ____________________ Fecha ____________

Hoja de comprobación 6 para la casa: 3, 4, 0 y 1

3, 4, 0, 1 Multiplicaciones	3, 4, 0, 1 Multiplicaciones	3, 4, 1 Divisiones	3, 4, 1 Divisiones
5 × 3 = 15	0 × 5 = 0	18 / 3 = 6	4 / 1 = 4
6 • 4 = 24	10 • 1 = 10	20 ÷ 4 = 5	21 ÷ 3 = 7
9 ∗ 0 = 0	6 ∗ 3 = 18	1 / 1 = 1	16 / 4 = 4
7 × 1 = 7	2 × 4 = 8	21 ÷ 3 = 7	9 ÷ 1 = 9
3 • 3 = 9	5 • 0 = 0	12 / 4 = 3	15 / 3 = 5
4 ∗ 7 = 28	1 ∗ 2 = 2	5 ÷ 1 = 5	8 ÷ 4 = 2
0 × 10 = 0	10 × 3 = 30	15 / 3 = 5	5 / 1 = 5
1 • 6 = 6	5 • 4 = 20	24 ÷ 4 = 6	30 ÷ 3 = 10
3 ∗ 4 = 12	0 ∗ 8 = 0	7 / 1 = 7	12 / 4 = 3
5 × 4 = 20	6 × 3 = 18	12 / 3 = 4	8 / 1 = 8
0 • 5 = 0	10 • 3 = 30	36 ÷ 4 = 9	27 ÷ 3 = 9
9 ∗ 1 = 9	9 ∗ 4 = 36	6 / 1 = 6	40 / 4 = 10
2 × 3 = 6	1 × 0 = 0	12 ÷ 3 = 4	4 ÷ 1 = 4
3 • 4 = 12	1 • 6 = 6	16 / 4 = 4	9 / 3 = 3
0 ∗ 9 = 0	3 ∗ 6 = 18	7 ÷ 1 = 7	16 ÷ 4 = 4
1 × 5 = 5	7 × 4 = 28	9 / 3 = 3	10 / 1 = 10
2 • 3 = 6	6 • 0 = 0	8 ÷ 4 = 2	9 ÷ 3 = 3
4 ∗ 4 = 16	8 ∗ 1 = 8	2 ÷ 1 = 2	20 ÷ 4 = 5
9 × 0 = 0	3 × 9 = 27	6 / 3 = 2	6 / 1 = 6
1 • 1 = 1	1 • 4 = 4	32 ÷ 4 = 8	24 ÷ 3 = 8

1-17
Haz la tarea

Nombre ______________________ Fecha ____________

Plan de estudio

____
Ayudante de tareas

Escribe una ecuación y resuelve el problema. *Muestra tu trabajo.*

1. Wendy dio 54 manzanas a sus vecinos. Regaló un total de 6 bolsas de manzanas. Colocó el mismo número de manzanas en cada bolsa. ¿Cuántas manzanas había en cada bolsa?

   ____

2. Dillon tenía una caja de 45 camiones de juguete. Dio los camiones a su hermano pero conservó 9 camiones para él mismo. ¿Cuántos camiones dio Dillon a su hermano?

   ____

3. Melissa colocó 18 etiquetas engomadas en su nuevo álbum de etiquetas engomadas. Las colocó en 6 filas. Colocó el mismo número de etiquetas engomadas en cada fila. ¿Cuántos etiquetas engomadas colocó en cada fila?

   ____

4. Yan tomó fotografías en el zoológico. Tomó 5 fotos en cada una de 6 casas de animales. ¿Cuántas fotos tomó?

   ____

5. Janie apiló libros en la biblioteca. Apiló 6 libros en 7 pilas diferentes. ¿Cuántos libros había en las pilas?

   ____

1-17
Recuerda

Nombre ______________________ Fecha ______________

Multiplica o divide para hallar los números desconocidos.

1. $\frac{72}{9} = \square$

2. $2 * \square = 14$

3. $40 \div 10 = \square$

Escribe una ecuación y resuelve el problema.

4. Brian tiene 0 galletas en su plato y las divide entre sus 5 amigos. ¿Cuántas galletas recibe cada amigo?

____

Lee cada problema y decide qué tipo de problema es. Escribe la letra de la siguiente lista. Luego escribe una ecuación y resuelve el problema.

a. Matriz: Multiplicación
b. Matriz: División
c. Grupos iguales: Multiplicación
d. Grupos iguales: División con grupo de tamaño desconocido
e. Grupos iguales: División con un multiplicador desconocido (número de grupos)

5. Tiffany está en la tienda de bicicletas. Cuenta 27 ruedas en total de los triciclos. ¿Cuántos triciclos hay en la tienda de bicicletas?

____

6. John compra 4 bolsas de manzanas. Hay 6 manzanas en cada bolsa. ¿Cuántas manzanas compra John?

____

7. **Amplía tu razonamiento** Escribe un problema que se pueda resolver usando la matriz que se muestra.

____
____
____
____

Nombre ______________________ Fecha ______________

Plan de estudio

____
Ayudante de tareas

Escribe una ecuación y resuelve el problema.

1. Maili recorrió 10 millas en bicicleta todos los días durante 5 días. ¿Cuántas millas recorrió?

____

2. Leslie dio 72 globos a niños en la feria. Después de la feria, le quedaban 9 globos. ¿Con cuántos globos comenzó Leslie?

____

3. Tony colgó algunas fotografías en la pared de su habitación. Las colgó en 3 filas, con 4 fotos en cada fila. ¿Cuántas fotos colgó Tony?

____

4. Pepe envió 15 regalos a sus familiares. Envió igual cantidad de regalos a 3 direcciones diferentes. ¿Cuántos regalos envió a cada dirección?

____

5. En los establos Acres Sombreados, hay 5 caballos en cada establo. Hay 4 establos. ¿Cuántos caballos hay en Acres Sombreados?

____

6. Hay sesenta estudiantes en la banda de marcha. Hay 10 filas de estudiantes. ¿Cuántos estudiantes hay en cada fila?

____

7. Danielle tiene 35 muñecas en su colección. Quiere exhibirlas en 5 estantes con el mismo número de muñecas en cada estante. ¿Cuántas muñecas debería poner en cada estante?

____

8. Hay 9 jugadores en un equipo de béisbol. Hay 6 equipos en la liga. ¿Cuántos jugadores de béisbol hay en la liga?

____

1-18
Recuerda

Nombre ______________________ Fecha ______________

Completa.

1. $5 \times (2 \times 4) = \square$ 2. $24 \times 1 = \square$ 3. $(9 \times 1) \times 5 = \square$

Lee cada problema y decide qué tipo de problema es. Escribe la letra de la siguiente lista. Luego escribe una ecuación y resuelve el problema.

a. Multiplicación con matrices
b. División con matrices
c. Grupos iguales de multiplicación
d. División de grupos iguales con grupos de tamaño desconocido
e. División de grupos iguales con un multiplicador desconocido (número de grupos)

4. La maestra Patel guarda los crayones. En la caja hay 63 crayones. Coloca 9 en cada fila. ¿Cuántas filas tiene la caja?

____

5. Jackson siembra un huerto. Siembra 10 semillas de maíz en una fila. Si siembra 5 filas de semillas de maíz, ¿cuántas semillas de maíz siembra?

____

Escribe una ecuación y resuelve el problema. *Muestra tu trabajo.*

6. El equipo tiene 32 bates de béisbol en bolsas. Hay 4 bolsas de bates. En cada bolsa hay el mismo número de bates. ¿Cuántos bates hay en cada bolsa?

____

7. **Amplía tu razonamiento** Cada uno de 5 niños muestra 10 dedos. Explica 3 maneras diferentes de saber cuántos dedos se muestran.

____
____
____
____

1-19
Haz la tarea

Nombre ______________________ Fecha ______________

Halla el número.

1. Soy 5 más que 6 por 10. ¿Qué número soy? ________
2. Soy 3 menos que 8 por 4. ¿Qué número soy? ________
3. 7 por un número es 21. ¿Cuál es el número? ________
4. 9 por un número es 18. ¿Cuál es el número? ________
5. Usa la tabla para completar la pictografía.

¿Cuál es tu pasatiempo?

Pasatiempo	Número de estudiantes
Coleccionar monedas	12
Practicar deportes	36
Tocar música	20
Cuidar mascotas	24

Pasatiempos

Coleccionar monedas	
Practicar deportes	
Tocar música	
Cuidar mascotas	

Cada [libro] = 4 estudiantes de tercer grado

Nombre ______ Fecha ______

Lee cada problema y decide qué tipo de problema es. Escribe la letra de la siguiente lista. Luego escribe una ecuación y resuelve el problema.

- **a.** Matriz: Multiplicación
- **b.** Matriz: División
- **c.** Grupos iguales: Multiplicación
- **d.** Grupos iguales: División con grupos de tamaño desconocido
- **e.** Grupos iguales: División con un multiplicador desconocido (número de grupos)

1 Hay 40 juguetes en 5 cajas. En cada una hay el mismo número de juguetes. ¿Cuántos juguetes hay en cada caja?

______

2 Sangeeta tiene dos perros. Compra 2 collares para cada uno de sus perros. ¿Cuántos collares compra?

______

Escribe una ecuación y resuelve el problema.

Muestra tu trabajo.

3 Darci coloca 15 tulipanes en 5 floreros. Si coloca el mismo número de tulipanes en cada florero, ¿cuántos tulipanes habrá en cada florero?

______

4 La Sra. Lin tiene 5 canastas. Coloca 4 peras en cada canasta. ¿Cuántas peras hay en las canastas?

______

5 Steven recibe un pedido de 80 dispositivos USB. Coloca el mismo número de dispositivos USB en 10 cajas. ¿Cuántos dispositivos USB hay en cada caja?

______

6 **Amplía tu razonamiento** Resuelve el acertijo. Soy 6 más que 2 por 9. ¿Qué número soy? Ahora haz tu propio acertijo para el número 68.

______

______

2-1
Haz la tarea

Nombre ______________________ Fecha ______________

Usa esta tabla para practicar contar en secuencia, multiplicar y dividir con 6. Luego pide a tu ayudante de tareas que te evalúe.

	× En orden	× Mezclados	÷ Mezclados
6	1 × 6 = 6	2 × 6 = 12	18 ÷ 6 = 3
	2 × 6 = 12	8 × 6 = 48	60 ÷ 6 = 10
	3 × 6 = 18	5 × 6 = 30	30 ÷ 6 = 5
	4 × 6 = 24	9 × 6 = 54	48 ÷ 6 = 8
	5 × 6 = 30	1 × 6 = 6	12 ÷ 6 = 2
	6 × 6 = 36	7 × 6 = 42	6 ÷ 6 = 1
	7 × 6 = 42	4 × 6 = 24	36 ÷ 6 = 6
	8 × 6 = 48	3 × 6 = 18	24 ÷ 6 = 4
	9 × 6 = 54	10 × 6 = 60	54 ÷ 6 = 9
	10 × 6 = 60	6 × 6 = 36	42 ÷ 6 = 7

2-1
Haz la tarea

Nombre ______________________ Fecha ______________

Multiplica o divide para hallar los números desconocidos. Luego comprueba tus respuestas al final de la página.

1. $5 \times 5 = \square$
2. $12 \div 6 = \square$
3. $7 * 4 = \square$
4. $\frac{42}{6} = \square$
5. $6 \bullet \square = 48$
6. $\frac{6}{1} = \square$
7. $10 \times 6 = \square$
8. $9\overline{)27}$ $\square$
9. $6 \times 0 = \square$
10. $\frac{20}{4} = \square$
11. $6 \bullet 6 = \square$
12. $18 \div 3 = \square$
13. $9 * \square = 54$
14. $\frac{60}{6} = \square$
15. $2 \bullet 7 = \square$
16. $\frac{16}{4} = \square$
17. $6 \div 6 = \square$
18. $6 * 7 = \square$
19. $\square \times 7 = 0$
20. $9\overline{)45}$ $\square$
21. $1 \times \square = 10$

1. 25 **2.** 2 **3.** 28 **4.** 7 **5.** 8 **6.** 6 **7.** 60 **8.** 3 **9.** 0 **10.** 5 **11.** 36
12. 6 **13.** 6 **14.** 10 **15.** 14 **16.** 4 **17.** 1 **18.** 42 **19.** 0 **20.** 5 **21.** 10

2-1
Haz la tarea

Nombre ______ **Fecha** ______

Plan de estudio

______
Ayudante de tareas

Halla el número desconocido.

1. $6 \times \square = 54$
2. $\square \times 7 = 42$
3. $6 \times \square = 18$
4. $\square \div 6 = 8$
5. $36 \div \square = 6$
6. $\square \div 6 = 5$

Resuelve cada problema.

7. Tim tiene 6 gatos y 4 aves como mascotas. ¿Cuántas mascotas tiene Tim?

______

8. Seis amigos decidieron ir al cine. Si uno gastó $9 para comprar entradas, ¿cuál fue la cantidad total de dinero que se gastó en entradas?

______

9. Jing cobra $7 por cortar el césped de cada jardín. La semana pasada cortó el césped de 6 jardines. ¿Cuánto dinero ganó por cortar el césped?

______

10. La tienda de comestibles hace una oferta de paquetes de seis botellas de agua. Raj compró 48 botellas en total. ¿Cuántos paquetes de seis compró?

______

11. Los pupitres del salón de clases de la maestra Toledo están ordenados en 6 filas iguales. Hay 30 pupitres en el salón de clases. ¿Cuántos pupitres hay en cada fila?

______

12. Kendall ordenó sus monedas de 1¢ en una matriz con 6 filas y 6 columnas. ¿Cuántas monedas de 1¢ tiene Kendall?

______

2-1
Recuerda

Nombre ____________________ Fecha ____________

Multiplica o divide para hallar los números desconocidos.

1. 35 ÷ 5 = ☐
2. 2 * ☐ = 16
3. $5\overline{)10}$ = ☐

Escribe una ecuación y resuelve el problema.

4. Olivia ordena fresas en su plato.
Las ordena en 5 filas y 1 columna.
¿Cuántas fresas ordena en su plato?

____

Lee cada problema y decide qué tipo de problema es. Escribe la letra de la siguiente lista. Luego escribe una ecuación y resuelve el problema.

a. Matriz: Multiplicación
b. Matriz: División
c. Grupos iguales: Multiplicación
d. Grupos iguales: División con grupos de tamaño desconocido
e. Grupos iguales: División con un multiplicador desconocido (número de grupos)

5. La dueña de la tienda tiene 32 CD nuevos. Los divide por igual entre 4 estantes. ¿Cuántos CD hay en cada estante?

____

6. Evan tiene 5 cuadernos. Hay 4 divisores en cada cuaderno. ¿Cuántos divisores hay en los cuadernos?

____

7. **Amplía tu razonamiento** Anna tiene 12 pelotas de béisbol para exhibir en el escaparate de su tienda. Quiere exhibirlas en grupos iguales. Haz una lista de todas las maneras en las que Anna puede exhibir las pelotas de béisbol en las que cada grupo tenga el mismo número de pelotas.

____

____

____

Nombre ______________________ Fecha ______________

Hoja de estudio C para la casa

6		
Contar en secuencia	**Mezclados ×**	**Mezclados ÷**
1 × 6 = 6	10 × 6 = 60	54 ÷ 6 = 9
2 × 6 = 12	8 × 6 = 48	30 ÷ 6 = 5
3 × 6 = 18	2 × 6 = 12	12 ÷ 6 = 2
4 × 6 = 24	6 × 6 = 36	60 ÷ 6 = 10
5 × 6 = 30	4 × 6 = 24	48 ÷ 6 = 8
6 × 6 = 36	1 × 6 = 6	36 ÷ 6 = 6
7 × 6 = 42	9 × 6 = 54	6 ÷ 6 = 1
8 × 6 = 48	3 × 6 = 18	42 ÷ 6 = 7
9 × 6 = 54	7 × 6 = 42	18 ÷ 6 = 3
10 × 6 = 60	5 × 6 = 30	24 ÷ 6 = 4

7		
Contar en secuencia	**Mezclados ×**	**Mezclados ÷**
1 × 7 = 7	6 × 7 = 42	70 ÷ 7 = 10
2 × 7 = 14	8 × 7 = 56	14 ÷ 7 = 2
3 × 7 = 21	5 × 7 = 35	28 ÷ 7 = 4
4 × 7 = 28	9 × 7 = 63	56 ÷ 7 = 8
5 × 7 = 35	4 × 7 = 28	42 ÷ 7 = 6
6 × 7 = 42	10 × 7 = 70	63 ÷ 7 = 9
7 × 7 = 49	3 × 7 = 21	21 ÷ 7 = 3
8 × 7 = 56	1 × 7 = 7	49 ÷ 7 = 7
9 × 7 = 63	7 × 7 = 49	7 ÷ 7 = 1
10 × 7 = 70	2 × 7 = 14	35 ÷ 7 = 5

8		
Contar en secuencia	**Mezclados ×**	**Mezclados ÷**
1 × 8 = 8	6 × 8 = 48	16 ÷ 8 = 2
2 × 8 = 16	10 × 8 = 80	40 ÷ 8 = 5
3 × 8 = 24	7 × 8 = 56	72 ÷ 8 = 9
4 × 8 = 32	2 × 8 = 16	32 ÷ 8 = 4
5 × 8 = 40	4 × 8 = 32	8 ÷ 8 = 1
6 × 8 = 48	8 × 8 = 64	80 ÷ 8 = 10
7 × 8 = 56	5 × 8 = 40	64 ÷ 8 = 8
8 × 8 = 64	10 × 8 = 80	24 ÷ 8 = 3
9 × 8 = 72	3 × 8 = 24	56 ÷ 8 = 7
10 × 8 = 80	1 × 8 = 8	48 ÷ 8 = 6

cuadrados		
Contar en secuencia	**Mezclados ×**	**Mezclados ÷**
1 × 1 = 1	3 × 3 = 9	25 ÷ 5 = 5
2 × 2 = 4	9 × 9 = 81	4 ÷ 2 = 2
3 × 3 = 9	4 × 4 = 16	81 ÷ 9 = 9
4 × 4 = 16	6 × 6 = 36	9 ÷ 3 = 3
5 × 5 = 25	2 × 2 = 4	36 ÷ 6 = 6
6 × 6 = 36	7 × 7 = 49	100÷10 = 10
7 × 7 = 49	10 ×10 = 100	16 ÷ 4 = 4
8 × 8 = 64	1 × 1 = 1	49 ÷ 7 = 7
9 × 9 = 81	5 × 5 = 25	1 ÷ 1 = 1
10 ×10 = 100	8 × 8 = 64	64 ÷ 8 = 8

2-2
Haz la tarea

Nombre ____________________ Fecha ____________________

Multiplica o divide para hallar los números desconocidos. Luego comprueba tus respuestas al final de la página.

1. $6 \times 6 = \square$
2. $20 \div 4 = \square$
3. $9 * 9 = \square$
4. $\frac{32}{4} = \square$
5. $9 \bullet \square = 54$
6. $\frac{30}{10} = \square$
7. $5 \times 0 = \square$
8. $\frac{48}{6} = \square$
9. $3 \times 6 = \square$
10. $6\overline{)30}$ $\square$
11. $8 \bullet 4 = \square$
12. $12 \div 6 = \square$
13. $6 * \square = 42$
14. $\frac{6}{6} = \square$
15. $3 \bullet 4 = \square$
16. $\frac{15}{5} = \square$
17. $10 \div 10 = \square$
18. $2 * 7 = \square$
19. $\square \times 2 = 10$
20. $6\overline{)18}$ $\square$
21. $10 \times \square = 70$

1. 36 **2.** 5 **3.** 81 **4.** 8 **5.** 6 **6.** 3 **7.** 0 **8.** 8 **9.** 18 **10.** 5 **11.** 32
12. 2 **13.** 7 **14.** 1 **15.** 12 **16.** 3 **17.** 1 **18.** 14 **19.** 5 **20.** 3 **21.** 7

Nombre ______________________ Fecha ______________

Plan de estudio

____
Ayudante de tareas

Completa cada rompecabezas de números desconocidos.

1.

×			6
9	36		
2			
	12	9	

2.

×	7		6
	28		24
6		30	
	56		48

3.

×			4
5		30	
7	56	42	
			12

Resuelve cada problema. Rotula tus respuestas con las unidades correctas.

4. Raul construyó una mesa rectangular con una longitud de 3 pies y un ancho de 6 pies. ¿Cuál es el área de la mesa?

____

5. Li Fong cubrió el piso rectangular de su casa de árbol con 48 pies cuadrados de alfombra. Si un lado del piso tiene una longitud de 6 pies, ¿cuál es la longitud del lado adyacente?

____

6. Frances quiere pintar una pared rectangular que tiene un ancho de 8 pies y una altura de 9 pies. Tiene un cuarto de pintura que cubrirá 85 pies cuadrados. ¿Cuál es el área de la pared? ¿Tiene Frances suficiente pintura?

____

7. Willis recortó un rectángulo de papel con un área de 42 centímetros cuadrados. Si un lado tiene una longitud de 6 centímetros, ¿cuál es la longitud del lado adyacente?

____

Nombre ____________________ Fecha ____________

Completa.

1. $3 \times (5 \times 1) = \square$
2. $(2 \times 5) \times 3 = \square$
3. $(0 \times 4) \times 9 = \square$
4. $22 \times 1 = \square$
5. $4 \times 7 = 7 \times \square = \square$
6. $(3 \times 3) \times 6 = \square$

Lee el problema y decide qué tipo de problema es. Escribe la letra de la siguiente lista. Luego escribe una ecuación y resuelve el problema.

a. Matriz: Multiplicación
b. Matriz: División
c. Grupos iguales: Multiplicación
d. Grupos iguales: División con grupos de tamaño desconocido
e. Grupos iguales: División con un multiplicador desconocido (número de grupos)

7. Andrew tiene que escribir 18 invitaciones. Si escribe 3 invitaciones por día, ¿cuántos días le tomará terminar?

____

Resuelve cada problema.

8. Brian compra 6 videojuegos. Cuestan $10 cada uno. ¿Cuánto gasta en los videojuegos?

____

9. Sharon planta 48 arbustos de rosas. Cada fila tiene 6 arbustos de rosas. ¿Cuántas filas de arbustos de rosas planta Sharon?

____

10. **Amplía tu razonamiento** El tapete de Ming tiene una longitud 2 veces su ancho. El área del tapete es de 8 pies cuadrados. ¿Cuál es la longitud y el ancho del tapete de Ming?

____

2-3
Haz la tarea

Nombre ______________________ Fecha ______________

Usa esta tabla para practicar contar en secuencia, multiplicar y dividir con 8. Luego pide a tu ayudante de tareas que te evalúe.

	× En orden	× Mezclados	÷ Mezclados
8	1 × 8 = 8	3 × 8 = 24	40 ÷ 8 = 5
	2 × 8 = 16	9 × 8 = 72	56 ÷ 8 = 7
	3 × 8 = 24	6 × 8 = 48	24 ÷ 8 = 3
	4 × 8 = 32	4 × 8 = 32	72 ÷ 8 = 9
	5 × 8 = 40	2 × 8 = 16	8 ÷ 8 = 1
	6 × 8 = 48	8 × 8 = 64	48 ÷ 8 = 6
	7 × 8 = 56	1 × 8 = 8	32 ÷ 8 = 4
	8 × 8 = 64	5 × 8 = 40	64 ÷ 8 = 8
	9 × 8 = 72	10 × 8 = 80	16 ÷ 8 = 2
	10 × 8 = 80	7 × 8 = 56	80 ÷ 8 = 10

2-3
Haz la tarea

Nombre Fecha

Hoja de comprobación 7 para la casa: 6 y 8

6 Multiplicaciones	6 Divisiones	8 Multiplicaciones	8 Divisiones
10 × 6 = 60	24 / 6 = 4	2 × 8 = 16	72 / 8 = 9
6 • 4 = 24	48 ÷ 6 = 8	8 • 10 = 80	16 ÷ 8 = 2
6 * 7 = 42	60 / 6 = 10	3 * 8 = 24	40 / 8 = 5
2 × 6 = 12	12 ÷ 6 = 2	9 × 8 = 72	8 ÷ 8 = 1
6 • 5 = 30	42 / 6 = 7	8 • 4 = 32	80 / 8 = 10
6 * 8 = 48	30 ÷ 6 = 5	8 * 7 = 56	48 ÷ 8 = 6
9 × 6 = 54	6 / 6 = 1	5 × 8 = 40	56 / 8 = 7
6 • 1 = 6	18 ÷ 6 = 3	8 • 6 = 48	24 ÷ 8 = 3
6 * 6 = 36	54 / 6 = 9	1 * 8 = 8	64 / 8 = 8
6 × 3 = 18	36 / 6 = 6	8 × 8 = 64	32 / 8 = 4
6 • 6 = 36	48 ÷ 6 = 8	4 • 8 = 32	80 ÷ 8 = 10
5 * 6 = 30	12 / 6 = 2	6 * 8 = 48	56 / 8 = 7
6 × 2 = 12	24 ÷ 6 = 4	8 × 3 = 24	8 ÷ 8 = 1
4 • 6 = 24	60 / 6 = 10	7 • 8 = 56	24 / 8 = 3
6 * 9 = 54	6 ÷ 6 = 1	8 * 2 = 16	64 ÷ 8 = 8
8 × 6 = 48	42 / 6 = 7	8 × 9 = 72	16 / 8 = 2
7 • 6 = 42	18 ÷ 6 = 3	8 • 1 = 8	72 ÷ 8 = 9
6 * 10 = 60	36 ÷ 6 = 6	8 * 8 = 64	32 ÷ 8 = 4
1 × 6 = 6	30 / 6 = 5	10 × 8 = 80	40 / 8 = 5
4 • 6 = 24	54 ÷ 6 = 9	5 • 8 = 40	48 ÷ 8 = 6

Nombre ______________________ Fecha ______________

Plan de estudio

____
Ayudante de tareas

Halla el número desconocido para cada dibujo de matriz rápida.

1. 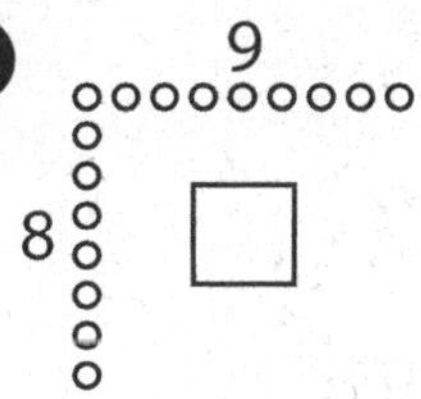

2. 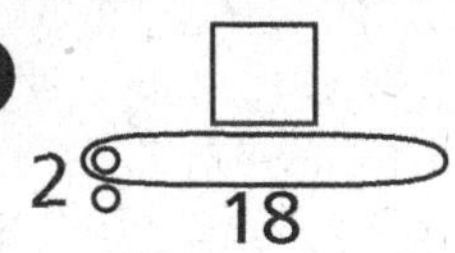

3. 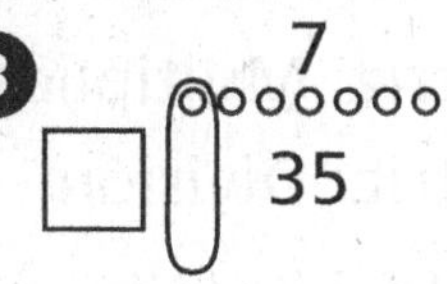

Escribe una ecuación y resuelve el problema.

4. Tyrone sembró 3 semillas todos los días durante 8 días. ¿Cuántas semillas sembró Tyrone?

____

5. Hay 6 jugadores en un equipo de vóleibol. ¿Cuántos jugadores hay en un juego con 2 equipos?

____

6. Joseph dio a sus 6 sobrinos \$48 por ayudarlo a limpiar el garaje. Los niños dividieron el dinero por igual. ¿Cuánto dinero recibió cada niño?

____

7. Miki tiene 3 canteros para sus flores. Cada cantero mide 4 pies de ancho y 8 pies de largo. ¿Cuánta área para sembrar flores tiene Miki en total?

____

Nombre ______ Fecha ______

Escribe una ecuación y resuelve el problema. *Muestra tu trabajo.*

1. Hay 0 boletos disponibles. Hay 6 personas en la cola para comprar boletos. ¿Cuántos boletos compraron?

______

Lee cada problema y decide qué tipo de problema es. Escribe la letra de la siguiente lista. Luego escribe una ecuación y resuelve el problema.

- **a.** Matriz: Multiplicación
- **b.** Matriz: División
- **c.** Grupos iguales: Multiplicación
- **d.** Grupos iguales: División con grupos de tamaño desconocido
- **e.** Grupos iguales: División con un multiplicador desconocido (número de grupos)

2. Owen pide 9 cajas de martillos para la ferretería. Cada caja contiene 10 martillos. ¿Cuántos martillos pide Owen?

______

3. Tameka tiene 12 barras de granola para la venta de pasteles. Coloca 4 barras de granola en cada plato. ¿Cuántos platos llena?

______

Completa cada rompecabezas de números desconocidos.

4.

×		5	
	12		36
6			
2	6		

5.

×	2		6
		45	
3		27	
		63	42

6.

×		7	3
	20		15
9		63	
	24		

7. **Amplía tu razonamiento** Una pizzería tiene 8 aderezos diferentes y 3 quesos diferentes para elegir del menú. ¿Cuántas combinaciones de pizzas son posibles si cada pizza tiene 1 aderezo y 1 queso?

______

2-4
Haz la tarea

Nombre ______________________ **Fecha** ____________

Plan de estudio

____
Ayudante de tareas

Resuelve. Luego encierra en un círculo qué tipo es y qué operación usaste.

1. El área de una fotografía es de 15 pulgadas cuadradas. Si el ancho de la fotografía es de 3 pulgadas, ¿cuál es su longitud?

   ____

   matriz grupos iguales área

   multiplicación división

2. La maestra Divita dividió 64 escarabajos por igual entre los 8 estudiantes de su club de ciencias. ¿Cuántos escarabajos recibió cada estudiante?

   ____

   matriz grupos iguales área

   multiplicación división

3. Escribe tu propio problema que sea del mismo tipo que el problema 1.

   ____

4. Escribe tu propio problema que sea del mismo tipo que el problema 2.

   ____

Halla el número desconocido para cada dibujo de matriz rápida.

5. 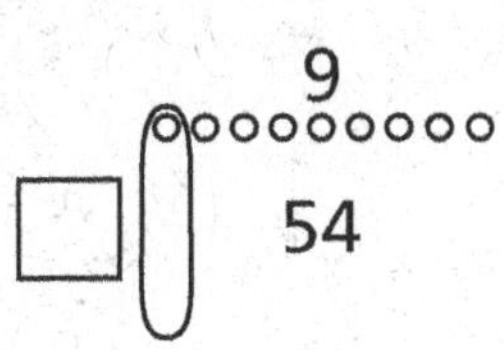

6. 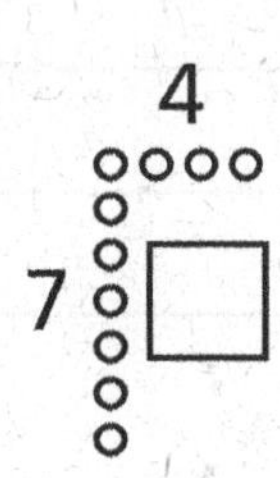

7. 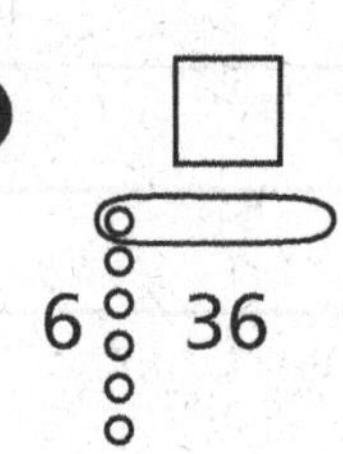

Nombre ______ Fecha ______

Escribe una ecuación y resuelve el problema. *Muestra tu trabajo.*

1. Lucy coloca 54 fotografías en su álbum de fotos. Coloca 9 fotografías en cada página. ¿Cuántas páginas llena?

______

2. Chris coloca 8 sillas en cada fila. Forma 7 filas. ¿Cuántas sillas coloca Chris?

______

3. Trina coloca 4 duraznos en cada canasta de regalo. Prepara 9 canastas de regalo para vender en su tienda. ¿Cuántos duraznos usa Trina?

______

4. Jorge tiene 15 premios de ciencias. Quiere exhibir el mismo número de premios entre 3 estantes. ¿Cuántos premios debería colocar en cada estante?

______

Halla el número desconocido para cada dibujo de matriz rápida.

5. 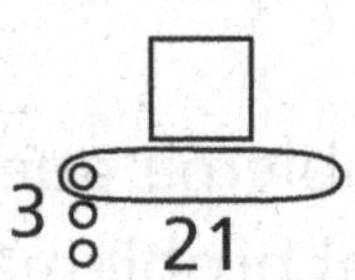

6. 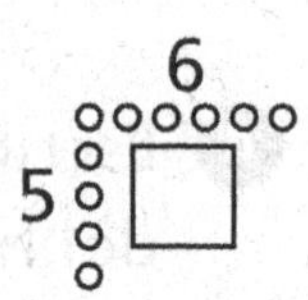

7. 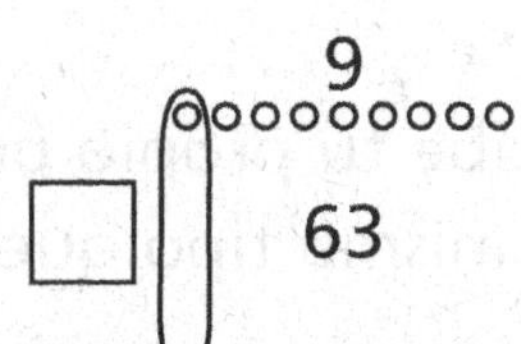

8. **Amplía tu razonamiento** Escribe un problema del mundo real y una ecuación usando $t = 5$.

______

______

______

______

2-5
Haz la tarea

Nombre ______________________ Fecha ______________

Usa esta tabla para practicar contar en secuencia, multiplicar y dividir con 7. Luego pide a tu ayudante de tareas que te evalúe.

	× En orden	× Mezclados	÷ Mezclados
7	1 × 7 = 7	5 × 7 = 35	56 ÷ 7 = 8
	2 × 7 = 14	1 × 7 = 7	42 ÷ 7 = 6
	3 × 7 = 21	10 × 7 = 70	14 ÷ 7 = 2
	4 × 7 = 28	2 × 7 = 14	7 ÷ 7 = 1
	5 × 7 = 35	9 × 7 = 63	70 ÷ 7 = 10
	6 × 7 = 42	3 × 7 = 21	49 ÷ 7 = 7
	7 × 7 = 49	8 × 7 = 56	21 ÷ 7 = 3
	8 × 7 = 56	4 × 7 = 28	35 ÷ 7 = 5
	9 × 7 = 63	7 × 7 = 49	63 ÷ 7 = 9
	10 × 7 = 70	6 × 7 = 42	28 ÷ 7 = 4

2-5
Haz la tarea

Nombre ______________________ Fecha ______________

**Multiplica o divide para hallar los números desconocidos.
Luego comprueba tus respuestas al final de la página.**

1. $7 \times 7 = \square$
2. $\frac{64}{8} = \square$
3. $5 \times 5 = \square$
4. $28 / 7 = \square$
5. $9 \bullet \square = 27$
6. $\frac{48}{6} = \square$
7. $\square \times 9 = 63$
8. $7\overline{)56}$ = $\square$
9. $10 \times \square = 30$
10. $8 \times 5 = \square$
11. $21 \div 3 = \square$
12. $9 * 2 = \square$
13. $30 / 6 = \square$
14. $8 \bullet 5 = \square$
15. $24 \div 3 = \square$
16. $3\overline{)21}$ = $\square$
17. $90 \div 9 = \square$
18. $2 * 7 = \square$
19. $6 * \square = 42$
20. $\frac{10}{2} = \square$
21. $3 \bullet 9 = \square$

1. 49 **2.** 8 **3.** 25 **4.** 4 **5.** 3 **6.** 8 **7.** 7 **8.** 8 **9.** 3 **10.** 40 **11.** 7
12. 18 **13.** 5 **14.** 40 **15.** 8 **16.** 7 **17.** 10 **18.** 14 **19.** 7 **20.** 5 **21.** 27

2-5
Haz la tarea

Nombre ______________________ **Fecha** ______________

Plan de estudio

____
Ayudante de tareas

Halla el número desconocido para cada dibujo de matriz rápida.

1. 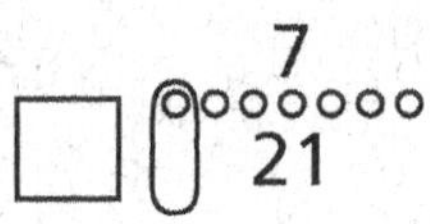

2. 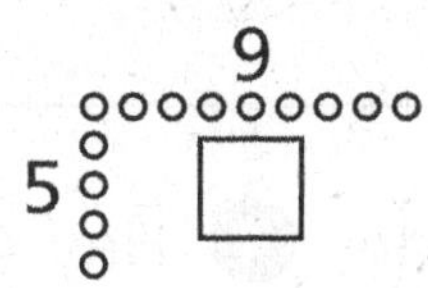

3. 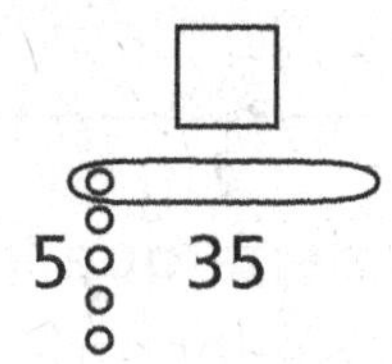

4. 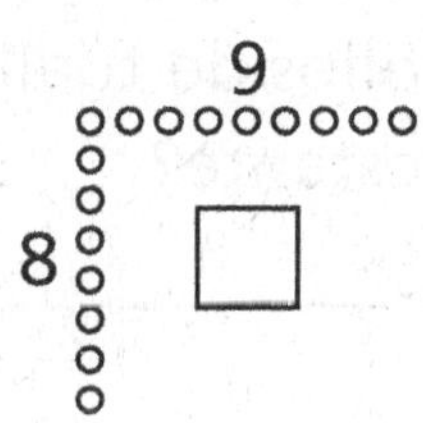

5. 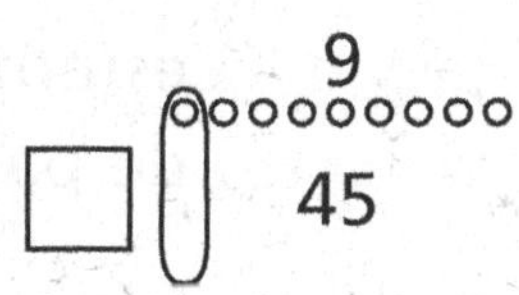

6. 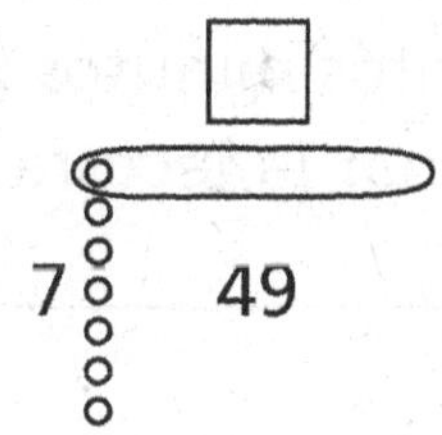

Resuelve. Rotula tus respuestas.

7. Rachel planea cercar un área de 7 metros de largo por 7 metros de ancho para que su perro corra. ¿Cuánta área tendrá su perro para correr?

   ____

8. Shondra tiene 21 peces tropicales. Si los divide por igual entre 3 peceras, ¿cuántos peces habrá en cada pecera?

   ____

9. Escribe un problema relacionado con una matriz y la multiplicación. Escribe tu problema en una hoja aparte para que tu maestro lo recoja.

Nombre ____________________ Fecha ____________

Escribe una ecuación y resuelve el problema. *Muestra tu trabajo.*

1. Sara cosecha 48 manzanas. Coloca 6 manzanas en cada canasta. ¿Cuántas canastas llena?

   ____

2. La maestra Lin coloca 5 lápices en cada pupitre de su salón de clases. Hay 7 pupitres en el salón de clases. ¿Cuántos lápices coloca la maestra Lin en los pupitres?

   ____

3. Gibson tiene que leer 8 páginas de su libro de lectura. Le toma 2 minutos leer cada página. ¿Cuántos minutos le tomará terminar la lectura?

   ____

4. Hay 4 rollos de toallas de papel en cada paquete. Hay 7 paquetes de rollos de toallas de papel en el estante. ¿Cuántos rollos de toallas de papel hay en el estante?

   ____

Resuelve. Luego encierra en un círculo qué tipo es y qué operación usaste.

5. El área del papel es de 80 pulgadas cuadradas. Si el ancho del papel es de 8 pulgadas, ¿cuál es su longitud?

   ____

   matriz grupos iguales área

   multiplicación división

6. Los pupitres están en 6 filas, con 5 pupitres en cada fila. ¿Cuántos pupitres hay en el salón de clases?

   ____

   matriz grupos iguales área

   multiplicación división

7. **Amplía tu razonamiento** Escribe un problema en el que uses 7 grupos. Resuelve tu problema.

   ____

   ____

2-6
Haz la tarea

Nombre ______________________ Fecha ______________

Hoja de comprobación 8 para la casa: 7 y cuadrados

7 Multiplicaciones	7 Divisiones	Cuadrados Multiplicaciones	Cuadrados Divisiones
4 × 7 = 28	14 / 7 = 2	8 × 8 = 64	81 / 9 = 9
7 • 2 = 14	28 ÷ 7 = 4	10 • 10 = 100	4 ÷ 2 = 2
7 * 8 = 56	70 / 7 = 10	3 * 3 = 9	25 / 5 = 5
7 × 7 = 49	56 ÷ 7 = 8	9 × 9 = 81	1 ÷ 1 = 1
7 • 1 = 7	42 / 7 = 6	4 • 4 = 16	100 / 10 = 10
7 * 10 = 70	63 ÷ 7 = 9	7 * 7 = 49	36 ÷ 6 = 6
3 × 7 = 21	7 / 7 = 1	5 × 5 = 25	49 / 7 = 7
7 • 6 = 42	49 ÷ 7 = 7	6 • 6 = 36	9 ÷ 3 = 3
5 * 7 = 35	21 / 7 = 3	1 * 1 = 1	64 / 8 = 8
7 × 9 = 63	35 / 7 = 5	5 * 5 = 25	16 / 4 = 4
7 • 4 = 28	7 ÷ 7 = 1	1 • 1 = 1	100 ÷ 10 = 10
9 * 7 = 63	63 / 7 = 9	3 • 3 = 9	49 / 7 = 7
2 × 7 = 14	14 ÷ 7 = 2	10 × 10 = 100	1 ÷ 1 = 1
7 • 5 = 35	70 / 7 = 10	4 × 4 = 16	9 / 3 = 3
8 * 7 = 56	21 ÷ 7 = 3	9 * 9 = 81	64 ÷ 8 = 8
7 × 3 = 21	49 / 7 = 7	2 × 2 = 4	4 / 2 = 2
6 • 7 = 42	28 ÷ 7 = 4	6 * 6 = 36	81 ÷ 9 = 9
10 * 7 = 70	56 ÷ 7 = 8	7 × 7 = 49	16 ÷ 4 = 4
1 × 7 = 7	35 / 7 = 5	5 • 5 = 25	25 / 5 = 5
7 • 7 = 49	42 ÷ 7 = 6	8 • 8 = 64	36 ÷ 6 = 6

Nombre ______________________ Fecha ______________

Multiplica o divide para hallar los números desconocidos. Luego comprueba tus respuestas al final de la página.

1. $\square \times 6 = 48$
2. $56 \div 7 = \square$
3. $10 \times \square = 90$
4. $64 / 8 = \square$
5. $9 \bullet \square = 63$
6. $\frac{25}{5} = \square$
7. $8 \times 9 = \square$
8. $9\overline{)36}$ = $\square$
9. $7 * 7 = \square$
10. $6 * \square = 36$
11. $\frac{32}{4} = \square$
12. $3 \bullet 3 = \square$
13. $30 / 6 = \square$
14. $16 \div 4 = \square$
15. $8 * 5 = \square$
16. $6 \times 4 = \square$
17. $\frac{81}{9} = \square$
18. $5 \times 7 = \square$
19. $60 / 6 = \square$
20. $7 \bullet 8 = \square$
21. $42 \div 7 = \square$
22. $6\overline{)54}$ = $\square$
23. $32 \div 8 = \square$
24. $9 * 9 = \square$

1. 8 **2.** 8 **3.** 9 **4.** 8 **5.** 7 **6.** 5 **7.** 72 **8.** 4 **9.** 49 **10.** 6 **11.** 8 **12.** 9
13. 5 **14.** 4 **15.** 40 **16.** 24 **17.** 9 **18.** 35 **19.** 10 **20.** 56 **21.** 6 **22.** 9
23. 4 **24.** 81

2-6
Haz la tarea

Nombre ______________________ Fecha ______________

Plan de estudio

____
Ayudante de tareas

Escribe una ecuación de multiplicación para cada matriz cuadrada.

1. 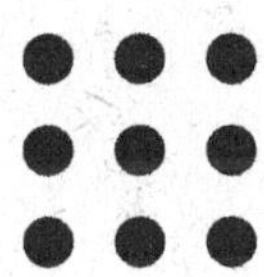

____

2. 

____

3. 

____

Resuelve.

4. Julia usó baldosas de un 1 pie cuadrado de piedra para hacer un patio. Colocó las baldosas en un cuadrado, 7 baldosas de ancho por 7 baldosas de largo. ¿Cuál es el área del nuevo patio de Julia?

____

5. Silvia llevó 2 docenas de manzanas a una reunión de un club de ciencias. Dividió las manzanas por igual entre las 8 personas que había. ¿Cuántas manzanas dio a cada persona?

____

6. Lehie tiene 21 cristales en su colección. Su hermano Tomer tiene 7 cristales. ¿Cuántos cristales más tiene Lehie que Tomer?

____

7. Emmanuel reunió 49 hojas la semana pasada. Reunió el mismo número de hojas cada día. ¿Cuántas hojas reunió el lunes?

____

Completa.

8.

×	6	4	
	24		32

9.

×		4	
9	45		81

10.

×	8		3
8		56	

2-6
Recuerda

Nombre ______ Fecha ______

Escribe una ecuación y resuelve el problema.

Muestra tu trabajo.

1. Hay 5 abedules en cada fila en el vivero. Hay 9 filas de abedules. ¿Cuántos abedules hay en el vivero?

______

2. Hay 54 diccionarios en la biblioteca. Hay 6 estantes de diccionarios. Cada estante tiene el mismo número de diccionarios. ¿Cuántos diccionarios hay en cada estante?

______

3. Samuel pide 6 cajas de robots para su tienda. Hay 4 robots en cada caja. ¿Cuántos robots pide Samuel?

______

4. Una tienda de mascotas tiene 24 peces tigre en 3 peceras. Cada pecera tiene el mismo número de peces tigre. ¿Cuántos peces tigre hay en cada pecera?

______

Halla el número desconocido para cada dibujo de matriz rápida.

5. 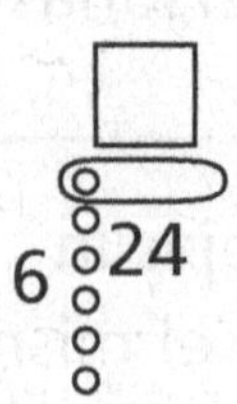

6. 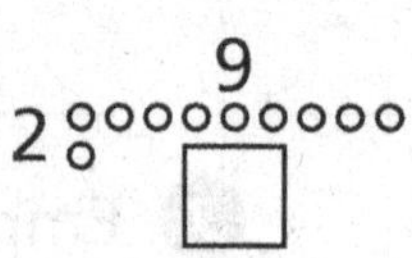

7. 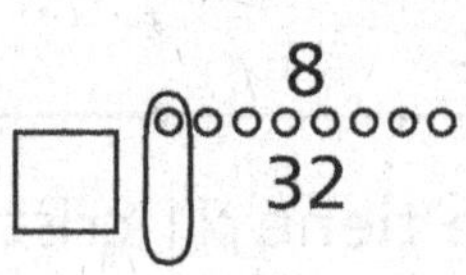

8. **Amplía tu razonamiento** Explica dos cuadrados diferentes que se pueden hacer con el número 9.

______

2-7
Haz la tarea

Nombre ______________________ Fecha ______________

Hoja de comprobación 9 para la casa: 6, 7 y 8

6, 7 y 8 Multiplicaciones	6, 7 y 8 Multiplicaciones	6, 7 y 8 Divisiones	6, 7 y 8 Divisiones
1 × 6 = 6	0 × 8 = 0	24 / 6 = 4	54 / 6 = 9
6 • 7 = 42	6 • 2 = 12	21 ÷ 7 = 3	24 ÷ 8 = 3
3 * 8 = 24	4 * 7 = 28	16 / 8 = 2	14 / 7 = 2
6 × 2 = 12	8 × 3 = 24	24 ÷ 8 = 3	32 ÷ 8 = 4
7 • 5 = 35	5 • 6 = 30	14 / 7 = 2	18 / 6 = 3
8 * 4 = 32	7 * 2 = 14	30 ÷ 6 = 5	56 ÷ 7 = 8
6 × 6 = 36	3 × 8 = 24	35 / 7 = 5	40 / 8 = 5
8 • 7 = 56	6 • 4 = 24	24 ÷ 8 = 3	35 ÷ 7 = 5
9 * 8 = 72	0 * 7 = 0	18 / 6 = 3	12 / 6 = 2
6 × 10 = 60	8 × 1 = 8	12 / 6 = 2	21 / 7 = 3
7 • 1 = 7	8 • 6 = 48	42 ÷ 7 = 6	16 ÷ 8 = 2
8 * 3 = 24	7 * 9 = 63	56 / 8 = 7	42 / 6 = 7
5 × 6 = 30	10 × 8 = 80	49 ÷ 7 = 7	80 ÷ 8 = 10
4 • 7 = 28	6 • 10 = 60	16 / 8 = 2	36 / 6 = 6
2 * 8 = 16	3 * 7 = 21	60 ÷ 6 = 10	7 ÷ 7 = 1
7 × 7 = 49	8 × 4 = 32	54 / 6 = 9	64 / 8 = 8
7 • 6 = 42	6 • 5 = 30	8 ÷ 8 = 1	24 ÷ 6 = 4
8 * 8 = 64	7 * 4 = 28	28 ÷ 7 = 4	21 ÷ 7 = 3
9 × 6 = 54	8 × 8 = 64	72 / 8 = 9	49 / 7 = 7
10 • 7 = 70	6 • 9 = 54	56 ÷ 7 = 8	24 ÷ 8 = 3

2-7
Haz la tarea

Nombre _______________ Fecha _______________

Hoja de comprobación 10 para la casa: 0 a 10

0 a 10 Multiplicaciones	0 a 10 Multiplicaciones	0 a 10 Divisiones	0 a 10 Divisiones
9 × 0 = 0	9 × 4 = 36	9 / 1 = 9	90 / 10 = 9
1 • 1 = 1	5 • 9 = 45	12 ÷ 3 = 4	64 ÷ 8 = 8
2 * 3 = 6	6 * 10 = 60	14 / 2 = 7	15 / 5 = 3
1 × 3 = 3	7 × 3 = 21	20 ÷ 4 = 5	12 ÷ 6 = 2
5 • 4 = 20	5 • 3 = 15	10 / 5 = 2	14 / 7 = 2
7 * 5 = 35	4 * 1 = 4	48 ÷ 8 = 6	45 ÷ 9 = 5
6 × 9 = 54	7 × 5 = 35	35 / 7 = 5	8 / 1 = 8
4 • 7 = 28	6 • 3 = 18	60 ÷ 6 = 10	30 ÷ 3 = 10
1 * 8 = 8	8 * 7 = 56	81 / 9 = 9	16 / 4 = 4
9 × 8 = 72	5 × 8 = 40	20 / 10 = 2	8 / 2 = 4
2 • 10 = 20	9 • 9 = 81	16 ÷ 2 = 8	80 ÷ 10 = 8
0 * 7 = 0	9 * 10 = 90	30 / 5 = 6	36 / 4 = 9
4 × 1 = 4	0 × 0 = 0	49 ÷ 7 = 7	25 ÷ 5 = 5
2 • 4 = 8	1 • 0 = 0	60 / 6 = 10	42 / 7 = 6
10 * 3 = 30	1 * 6 = 6	30 ÷ 3 = 10	36 ÷ 6 = 6
8 × 4 = 32	7 × 2 = 14	8 / 1 = 8	90 / 9 = 10
5 • 8 = 40	6 • 3 = 18	16 ÷ 4 = 4	24 ÷ 8 = 3
4 * 6 = 24	4 * 5 = 20	16 ÷ 8 = 2	6 ÷ 2 = 3
7 × 6 = 42	6 × 6 = 36	40 / 10 = 4	9 / 3 = 3
1 • 8 = 8	10 • 7 = 70	36 ÷ 9 = 4	1 ÷ 1 = 1

2-7
Haz la tarea

Nombre ______________________ Fecha ______________

Plan de estudio

____
Ayudante de tareas

Resuelve.

1. Las gallinas de Sarah pusieron 3 docenas de huevos durante el fin de semana. Los dividió por igual en cartones para regalar a sus 6 vecinos más cercanos. ¿Cuántos huevos colocó en cada cartón?

____

2. Latisha necesita 60 pies cuadrados de tela. Tiene un trozo de tela rectangular que mide 3 pies por 9 pies y un trozo cuadrado que mide 5 pies por lado. ¿Tiene suficiente tela? Si no es así, ¿cuánto más necesita?

____

3. Lucy tiene 6 hojas de adhesivos. Cada hoja tiene 8 adhesivos. ¿Cuántos adhesivos tiene Lucy?

____

4. Una guardaparques guió a 3 grupos de excursionistas. Había 7 personas en cada grupo. ¿A cuántos excursionistas guió?

____

Halla el número desconocido para cada dibujo de matriz rápida.

5. 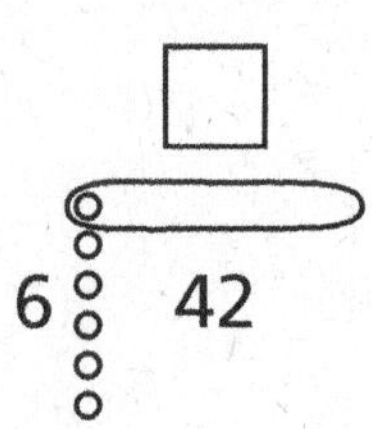

6. 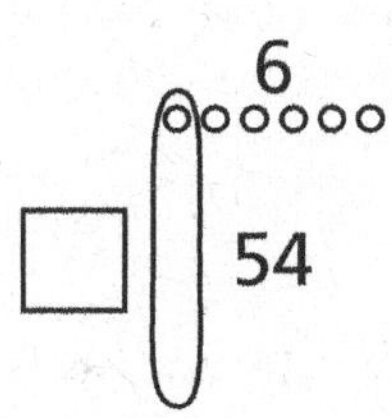

7. 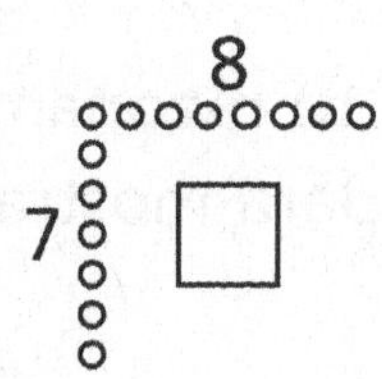

2-7
Recuerda

Nombre ______________________ Fecha ______________

Escribe una ecuación y resuelve el problema.

1. Adam tiene 60 platos. Colocó 10 platos en cada mesa. ¿En cuántas mesas coloca platos Adam?

____

2. Hailey dibuja 35 hojas en su árbol. Dibuja 5 hojas en cada rama. ¿Cuántas ramas tiene su árbol?

____

Halla el número desconocido para cada dibujo de matriz rápida.

3. 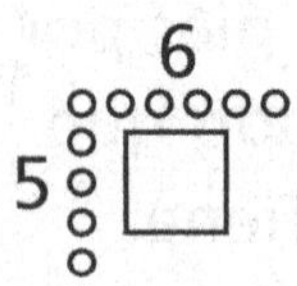

4. 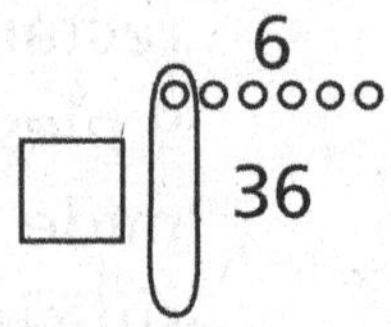

5. 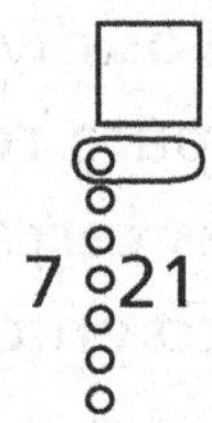

Escribe una ecuación de multiplicación para cada matriz.

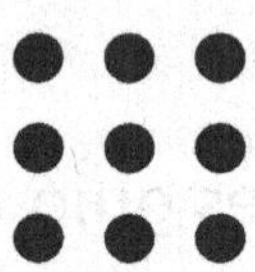

6. ______________ 7. ______________ 8. ______________

9. **Amplía tu razonamiento** Haz un dibujo para mostrar 7 × 7.

Nombre ______________________ Fecha ____________

Plan de estudio

____
Ayudante de tareas

Escribe una ecuación para resolver el problema.

1. María hizo una obra artística colocando todas sus conchas de mar en 4 filas en una pared. En cada fila, ordenó 8 conchas de mar. ¿Cuántas conchas de mar reunió María en total?

   ____

2. Arturo reunió 18 conchas de mar. Quiere dividir las conchas de mar por igual entre sus 3 mejores amigos. ¿Cuántas conchas de mar recibirá cada amigo?

   ____

Usa la pictografía y la clave para resolver.

Katie sembró calabazas en primavera. Ahora las vende. Esta pictografía muestra cuántas calabazas vendió este fin de semana.

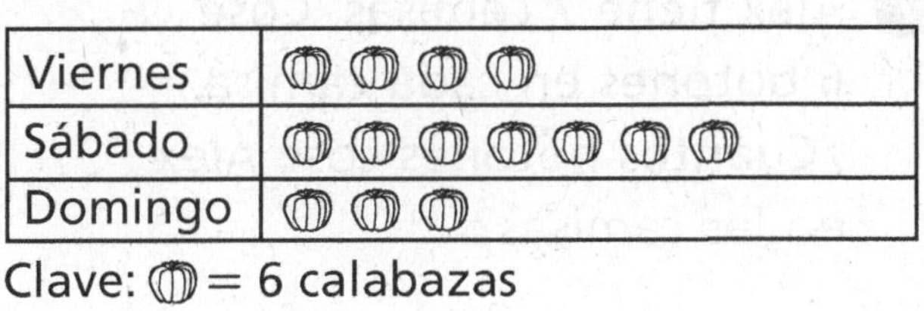

3. ¿Cuántas calabazas vendió Katie el viernes?

   ____

4. ¿Cuántas calabazas más vendió el sábado que el viernes?

   ____

5. ¿Cuántas calabazas vendió Katie este fin de semana?

   ____

2-8
Recuerda

Nombre ______________________ Fecha ____________

Escribe una ecuación y resuelve el problema.

1. El instructor de educación física pone a la clase en 10 filas. Hay 6 personas en cada fila. ¿Cuántas personas hay en la clase?

   ____

2. Jared tiene 40 estrellas. Coloca el mismo número de estrellas en cada una de 5 filas. ¿Cuántas estrellas hay en cada fila?

   ____

Escribe una ecuación de multiplicación para cada matriz.

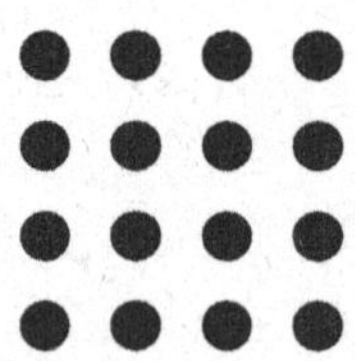

3. ______________

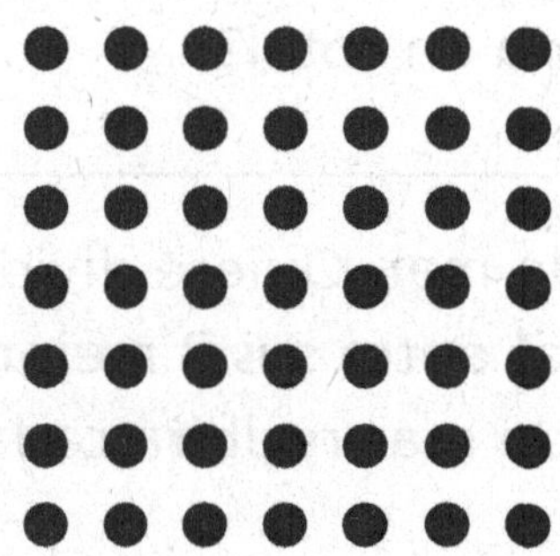

4. ______________

5. ______________

Resuelve.

6. Amanda tiene 8 cajas de marcadores. Cada caja tiene 7 marcadores. ¿Cuántos marcadores en total hay en las cajas?

   ____

7. Álex tiene 7 camisas. Cose 6 botones en cada camisa. ¿Cuántos botones cose Álex en las camisas?

   ____

8. **Amplía tu razonamiento** Escribe un problema con 16 como producto.

   ____

   ____

   ____

2-9
Haz la tarea

Nombre ________________________ Fecha ____________

Plan de estudio

____
Ayudante de tareas

Escribe una ecuación y resuelve el problema.

1. Robert plantó 7 árboles detrás de la escuela Westwood. Plantó 6 árboles más delante de la escuela. ¿Cuántos árboles plantó adelante?

   ____

2. Nelson reunió 58 latas de alimento durante la colecta de alimentos de su ciudad. Michael reunió 67 latas de alimento. ¿Cuántas latas de alimento reunieron en total?

   ____

3. En un viaje para hacer esnórquel, Betina divisó 27 tipos de peces distintos. Eso es 3 veces más de los que divisó su hermana menor, Lucía. ¿Cuántos tipos diferentes de peces divisó Lucía?

   ____

4. Arnon ganó $27 entregando periódicos la semana pasada. Gastó $9 en un libro sobre serpientes. ¿Cuánto dinero le sobra?

   ____

Escribe una pregunta para terminar cada problema. Luego resuelve el problema.

5. Sonya tiene 272 monedas en su colección. Su hermano Erez tiene 298 monedas.

   Pregunta: ______________________

   ______________________ Solución: ____________

6. Richard dobló 32 camisas y las apiló en 4 pilas iguales.

   Pregunta: ______________________

   ______________________ Solución: ____________

2-9
Recuerda

Nombre ______________________ Fecha ______________

Escribe una ecuación y resuelve el problema.

1. Hay 0 estudiantes en el espectáculo. El teatro tenía 10 filas de asientos. ¿Cuántos estudiantes hay en cada fila?

   ____

2. Hay 9 floreros. Cada florero tiene 3 flores. ¿Cuántas flores en total hay en los floreros?

   ____

Halla el número desconocido para cada dibujo de matriz rápida.

3. 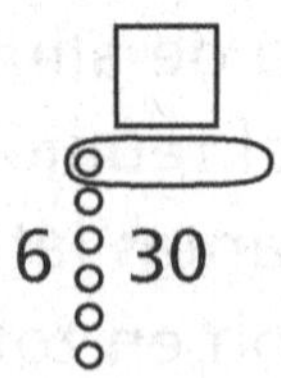

4. 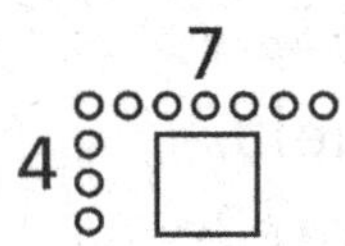

5. 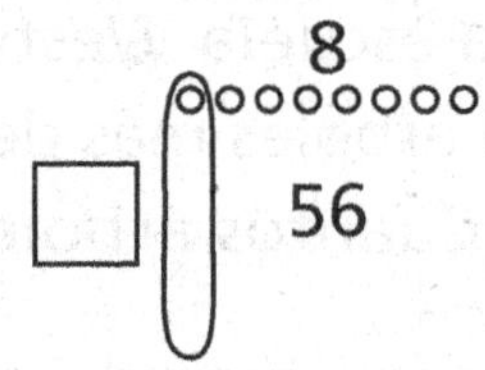

Escribe una ecuación para resolver el problema.

Muestra tu trabajo.

6. El director compra 20 juegos nuevos. Los divide por igual entre las 4 clases de tercer grado. ¿Cuántos juegos recibe cada clase?

   ____

7. Raj tiene 4 ganchos en su pared. Coloca 2 gorras de béisbol en cada gancho. ¿Cuántas gorras de béisbol coloca Raj en los ganchos?

   ____

8. **Amplía tu razonamiento** Cecelia dice que puede usar la suma para resolver problemas de multiplicación. ¿Tiene razón Cecelia? Explica.

   ____

   ____

   ____

2-10
Haz la tarea

Nombre ______________________ Fecha ______________

Plan de estudio

____
Ayudante de tareas

Escribe la pregunta y la respuesta del primer paso. Luego resuelve el problema.

1. Los barcos turísticos de Laguna pueden llevar 8 pasajeros. Jacob observó cómo pasaban 6 barcos. Uno de los barcos tenía 2 asientos vacíos. Los demás estaban ocupados. ¿Cuántos pasajeros había en los 6 barcos?

____

____

2. Jerome compró 8 paquetes de tarjetas de béisbol en una venta de garaje. Cada paquete tenía 10 tarjetas. Dio a su hermana menor 3 tarjetas de cada paquete. ¿Cuántas tarjetas le quedan a Jerome?

____

____

3. Zoe cortó una bandeja de *brownies* en 4 filas y 6 columnas. Las dividió por igual entre las 8 personas que estaban en su reunión de niñas exploradoras. ¿Cuántos *brownies* recibió cada persona en su reunión de niñas exploradoras?

____

____

4. Cuatro niñas ayudaron al Sr. Day a sembrar un huerto. Por su ayuda, dio a las niñas $24 para que compartieran por igual. Más tarde, la Sra. Day dio a cada niña $2 por ayudar a limpiar. ¿Cuánto dinero recibió cada niña?

____

____

5. Grace hizo 7 ramos para las damas de honor de una boda. Colocó 3 rosas, 4 tulipanes y 2 lirios en cada ramo. ¿Cuántas flores usó en total?

____

____

Nombre ______________________ Fecha ____________

Escribe una ecuación y resuelve el problema.

1. El dueño de una juguetería da 47 globos a sus clientes. Le quedan 7 globos. ¿Con cuántos globos comenzó?

   ____

2. Hay 7 filas de girasoles en el huerto. Hay 9 girasoles en cada fila. ¿Cuántos girasoles hay en el huerto?

   ____

Usa la pictografía y la clave para resolver.

El equipo de baloncesto llevó el registro de cuántos puntos anotaron algunas jugadoras del equipo en el último juego. Esta pictografía muestra cuántos puntos anotaron algunas jugadoras.

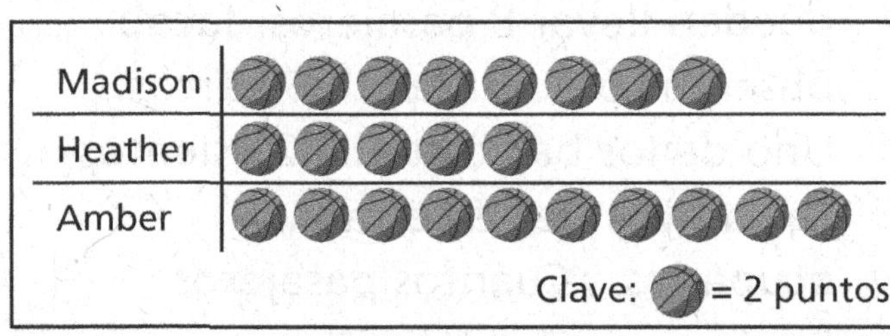

3. ¿Cuántos puntos anotó Amber?

   ____

4. ¿Cuántos puntos más anotó Madison que Heather?

   ____

Escribe una ecuación y resuelve el problema.

5. Rita tiene 90 páginas en su cuaderno. Usa 39 páginas. ¿Cuántas páginas quedan en su cuaderno?

   ____

6. Matt gana $10 por cortar el césped en un jardín. ¿En cuántos jardines deberá cortar el césped para ganar $80?

   ____

7. **Amplía tu razonamiento** Escribe una ecuación en la que uses la resta y la multiplicación cuya respuesta sea 36.

   ____

Nombre Fecha

Plan de estudio

Ayudante de tareas

Escribe una ecuación y resuelve el problema.

1. Shamariah recolecta rosas de seda. Tenía 17 rosas de seda en un florero. Seis amigos le dieron 3 rosas más cada uno. ¿Cuántas rosas tiene Shamariah ahora?

2. Takala colocó 9 canicas en la caja, Jackie colocó 7 y Laird colocó 11. Luego dividieron las canicas por igual entre ellos. ¿Cuántas recibió cada uno?

3. Una tienda de mascotas tenía 9 serpientes del maíz. Las serpientes pusieron 8 huevos cada una. Todos los huevos, menos 5, hicieron eclosión. ¿Cuántas crías de serpientes del maíz tiene la tienda de mascotas?

4. En un concurso de aviones de papel, el avión de Amanda voló 19 pies más que el avión de Darren. El avión de Darren voló el doble de lejos que el avión de Rachel. El avión de Rachel voló 20 pies. ¿Qué distancia voló el avión de Amanda?

5. Jenna dividió 120 margaritas en 2 grupos iguales. Luego dividió cada grupo por igual en 10 ramos pequeños. Dio a su abuela un ramo pequeño. ¿Cuántas margaritas dio Jenna a su abuela?

Nombre _______________ Fecha _______________

Escribe una ecuación y resuelve el problema.

1. Lily tiene 24 compañeros de clase. Da a cada compañero 1 lápiz. ¿Cuántos lápices en total da a sus compañeros?

____

2. Hay 50 estudiantes en una excursión. Los paseos turísticos permiten que ingresen 10 estudiantes por vez. ¿Cuántos paseos turísticos se necesitarán para que cada estudiante haga un paseo turístico?

____

Escribe una pregunta para terminar el problema. Luego resuelve el problema.

3. El maestro de arte tiene 9 cajas de crayones. Hay 8 crayones en cada caja.

Pregunta: _______________

____

Solución: _______________

Escribe la pregunta y la respuesta del primer paso. Luego resuelve el problema.

4. El maestro García compra 8 paquetes de jugo. Hay 6 cajas de jugo en cada paquete. En la excursión, 40 estudiantes beben una caja de jugo. ¿Cuántas cajas de jugo sobran?

____

5. **Amplía tu razonamiento** Escribe un problema de dos pasos en el que uses la multiplicación y la resta. Luego resuelve el problema de dos pasos.

____

____

____

____

____

2-12
Haz la tarea

Nombre ______________________ Fecha ______________

Plan de estudio

____
Ayudante de tareas

Usa una multiplicación básica y el cálculo mental para completar.

1. $4 \times 4 =$ ______
   $4 \times 40 =$ ______
2. $7 \times 3 =$ ______
   $70 \times 3 =$ ______
3. $6 \times 9 =$ ______
   $6 \times 90 =$ ______
4. $8 \times 7 =$ ______
   $8 \times 70 =$ ______
5. $4 \times 9 =$ ______
   $4 \times 90 =$ ______
6. $2 \times 8 =$ ______
   $20 \times 8 =$ ______
7. $6 \times 5 =$ ______
   $60 \times 5 =$ ______
8. $7 \times 7 =$ ______
   $7 \times 70 =$ ______
9. $5 \times 2 =$ ______
   $50 \times 2 =$ ______
10. $9 \times 80 =$ ______
11. $30 \times 5 =$ ______
12. $6 \times 70 =$ ______
13. $50 \times 4 =$ ______
14. $90 \times 3 =$ ______
15. $8 \times 80 =$ ______

Escribe una ecuación y resuelve el problema.

16. Tom compró 3 paquetes de tarjetas con 20 tarjetas en cada paquete. ¿Cuántas tarjetas compró Tom en total?

    ____

17. Un huerto tiene 30 filas de manzanos. Hay 3 manzanos en cada fila. ¿Cuántos manzanos hay en el huerto?

    ____

2-12
Recuerda

Nombre ______________________ Fecha ______________

Escribe una ecuación y resuelve el problema.

1. Los estudiantes de la clase de la maestra Conner están en un espectáculo. Están sentados en 4 filas. Hay 9 estudiantes en cada fila. ¿Cuántos estudiantes de la clase de la maestra Conner están en el espectáculo?

 ____

2. La mamá de Jana hornea 15 panecillos para la venta de pasteles. Los divide por igual entre 3 bolsas. ¿Cuántos panecillos hay en cada bolsa?

 ____

Escribe la pregunta y la respuesta del primer paso. Luego resuelve el problema.

3. Gabbie compra 8 paquetes de platos. Hay 8 platos en cada paquete. Después del pícnic, a Gabbie le quedan 4 platos. ¿Cuántos de los platos de Gabbie se usaron en el pícnic?

 ____

4. Colin ata 5 grupos de globos a la cerca. Hay 3 globos anaranjados, 2 globos azules y 4 globos verdes en cada grupo. ¿Cuántos globos usa Colin?

 ____

Escribe una ecuación y resuelve el problema.

5. Leanne tiene 50 palitos de felpilla azul y 22 amarillos. Necesita 8 palitos de felpilla para cada artesanía. ¿Cuántas artesanías puede hacer?

 ____

6. El maestro Driscoll tiene que calificar 9 informes. Cada informe tiene 6 páginas. Califica 12 páginas. ¿Cuántas páginas le quedan por calificar?

 ____

7. **Amplía tu razonamiento** Escribe tres ecuaciones de multiplicación en las que el producto tenga dos ceros. Usa 50 como uno de los factores.

 ____

Nombre ______________________ **Fecha** __________

Plan de estudio

____
Ayudante de tareas

Escribe una ecuación y resuelve el problema.

1. Julia usó fichas cuadradas para hacer un diseño. Colocó las fichas en un cuadrado de 8 fichas de ancho por 8 fichas de largo. Cada ficha tiene un área de 1 pulgada cuadrada. ¿Cuál es el área del diseño de fichas de Julia?

____

2. Bart vive a 6 cuadras de sus abuelos. Melinda vive 8 cuadras más lejos de sus abuelos que Bart. ¿A cuántas cuadras vive Melinda de sus abuelos?

____

3. Rose subió a la montaña rusa 9 veces. Leila subió la montaña rusa 6 veces menos que Rose. Joseph subió la montaña rusa 5 veces más que Leila. ¿Cuántas veces subió Joseph la montaña rusa?

____

4. Shondra tiene 40 rosas y 40 lirios. Quiere hacer 8 ramos con ellas, con el mismo número de cada tipo de flor en cada ramo. ¿Cuántas flores habrá en cada ramo?

____

5. Willis compró un galón de pintura. Pintó una pared que mide 9 pies de alto y 10 pies de ancho. Luego usó el resto de la pintura para pintar 46 pies cuadrados en el salón. ¿Cuántos pies cuadrados cubrió el galón de pintura?

____

6. Randall compró 7 juegos de computadora en una venta de garaje. Pagó $4 por cada uno de los 6 videojuegos y $5 por el otro videojuego. ¿Cuánto dinero gastó?

____

2-13
Recuerda

Nombre ______________________ Fecha ______________

Escribe una ecuación y resuelve el problema.

1. Hay 40 estudiantes en el pícnic. Hay 5 mesas de pícnic. Hay el mismo número de estudiantes en cada mesa. ¿Cuántos estudiantes hay en cada mesa?

   ____

2. Claire coloca $2 en su monedero cada día durante 7 días. ¿Cuánto dinero hay en su monedero después de 7 días?

   ____

Escribe una ecuación y resuelve el problema.

3. Hay 4 filas de zanahorias en el huerto. Hay seis zanahorias en cada fila. El granjero cosecha 3 de las zanahorias. ¿Cuántas zanahorias quedan todavía en el huerto?

   ____

4. Darla usa 3 rosas rosadas y 4 tulipanes amarillos para llenar cada florero. Llena 7 floreros. ¿Cuántas flores usa?

   ____

Usa una multiplicación básica y el cálculo mental para completar.

5. $6 \times 3 =$ ______
   $60 \times 3 =$ ______

6. $7 \times 9 =$ ______
   $7 \times 90 =$ ______

7. $4 \times 2 =$ ______
   $40 \times 2 =$ ______

8. $8 \times 4 =$ ______
   $80 \times 4 =$ ______

9. $2 \times 5 =$ ______
   $2 \times 50 =$ ______

10. $3 \times 4 =$ ______
    $30 \times 4 =$ ______

11. $5 \times 80 =$ ______

12. $90 \times 8 =$ ______

13. $6 \times 70 =$ ______

14. **Amplía tu razonamiento** Soy un múltiplo de 10. Mis factores incluyen un número par y un número impar. Soy mayor que 3×5 y menor que 4×7. ¿Qué número soy?

   ____

2×2 	$2 \bullet 3$ Pista: ¿Cuánto es $3 \cdot 2$? 	$2 * 4$ Pista: ¿Cuánto es $4 * 2$? 	2×5 Pista: ¿Cuánto es 5×2?
2×6 Pista: ¿Cuánto es 6×2? 	$2 \bullet 7$ Pista: ¿Cuánto es $7 \cdot 2$? 	$2 * 8$ Pista: ¿Cuánto es $8 * 2$? 	2×9 Pista: ¿Cuánto es 9×2?
5×2 Pista: ¿Cuánto es 2×5? 	$5 \bullet 3$ Pista: ¿Cuánto es $3 \cdot 5$? 	$5 * 4$ Pista: ¿Cuánto es $4 * 5$? 	5×5
5×6 Pista: ¿Cuánto es 6×5? 	$5 \bullet 7$ Pista: ¿Cuánto es $7 \cdot 5$? 	$5 * 8$ Pista: ¿Cuánto es $8 * 5$? 	5×9 Pista: ¿Cuánto es 9×5?

$2\overline{)10}$

Pista: ¿Cuánto es □ × 2 = 10?

$2\overline{)8}$

Pista: ¿Cuánto es □ × 2 = 8?

$2\overline{)6}$

Pista: ¿Cuánto es □ × 2 = 6?

$2\overline{)4}$

Pista: ¿Cuánto es □ × 2 = 4?

$2\overline{)18}$

Pista: ¿Cuánto es □ × 2 = 18?

$2\overline{)16}$

Pista: ¿Cuánto es □ × 2 = 16?

$2\overline{)14}$

Pista: ¿Cuánto es □ × 2 = 14?

$2\overline{)12}$

Pista: ¿Cuánto es □ × 2 = 12?

$5\overline{)25}$

Pista: ¿Cuánto es □ × 5 = 25?

$5\overline{)20}$

Pista: ¿Cuánto es □ × 5 = 20?

$5\overline{)15}$

Pista: ¿Cuánto es □ × 5 = 15?

$5\overline{)10}$

Pista: ¿Cuánto es □ × 5 = 10?

$5\overline{)45}$

Pista: ¿Cuánto es □ × 5 = 45?

$5\overline{)40}$

Pista: ¿Cuánto es □ × 5 = 40?

$5\overline{)35}$

Pista: ¿Cuánto es □ × 5 = 35?

$5\overline{)30}$

Pista: ¿Cuánto es □ × 5 = 30?

9 × 2 Pista: ¿Cuánto es 2 × 9? © Houghton Mifflin Harcourt Publishing Company	9 • 3 Pista: ¿Cuánto es 3 • 9? © Houghton Mifflin Harcourt Publishing Company	9 * 4 Pista: ¿Cuánto es 4 * 9? © Houghton Mifflin Harcourt Publishing Company	9 × 5 Pista: ¿Cuánto es 5 × 9? © Houghton Mifflin Harcourt Publishing Company
9 × 6 Pista: ¿Cuánto es 6 × 9? © Houghton Mifflin Harcourt Publishing Company	9 • 7 Pista: ¿Cuánto es 7 • 9? © Houghton Mifflin Harcourt Publishing Company	9 * 8 Pista: ¿Cuánto es 8 * 9? © Houghton Mifflin Harcourt Publishing Company	9 × 9 © Houghton Mifflin Harcourt Publishing Company
×	•	*	×
×	•	*	×

Puedes escribir cualquier número en las últimas 8 tarjetas. Úsalas para practicar problemas difíciles o si pierdes una tarjeta.

$9\overline{)45}$

Pista: ¿Cuánto es $\square \times 9 = 45$?

$9\overline{)36}$

Pista: ¿Cuánto es $\square \times 9 = 36$?

$9\overline{)27}$

Pista: ¿Cuánto es $\square \times 9 = 27$?

$9\overline{)18}$

Pista: ¿Cuánto es $\square \times 9 = 18$?

$9\overline{)81}$

Pista: ¿Cuánto es $\square \times 9 = 81$?

$9\overline{)72}$

Pista: ¿Cuánto es $\square \times 9 = 72$?

$9\overline{)63}$

Pista: ¿Cuánto es $\square \times 9 = 63$?

$9\overline{)54}$

Pista: ¿Cuánto es $\square \times 9 = 54$?

Puedes escribir cualquier número en las últimas 8 tarjetas. Úsalas para practicar problemas difíciles o si pierdes una tarjeta.

3×2

Pista:
¿Cuánto es 2×3?

$3 \cdot 3$

$3 * 4$

Pista:
¿Cuánto es $4 * 3$?

3×5

Pista:
¿Cuánto es 5×3?

3×6

Pista:
¿Cuánto es 6×3?

$3 \cdot 7$

Pista:
¿Cuánto es $7 \cdot 3$?

$3 * 8$

Pista:
¿Cuánto es $8 * 3$?

3×9

Pista:
¿Cuánto es 9×3?

4×2

Pista:
¿Cuánto es 2×4?

$4 \cdot 3$

Pista:
¿Cuánto es $3 \cdot 4$?

$4 * 4$

4×5

Pista:
¿Cuánto es 5×4?

4×6

Pista:
¿Cuánto es 6×4?

$4 \cdot 7$

Pista:
¿Cuánto es $7 \cdot 4$?

$4 * 8$

Pista:
¿Cuánto es $8 * 4$?

4×9

Pista:
¿Cuánto es 9×4?

$3\overline{)15}$

Pista: ¿Cuánto es
□ × 3 = 15?

$3\overline{)12}$

Pista: ¿Cuánto es
□ × 3 = 12?

$3\overline{)9}$

Pista: ¿Cuánto es
□ × 3 = 9?

$3\overline{)6}$

Pista: ¿Cuánto es
□ × 3 = 6?

$3\overline{)27}$

Pista: ¿Cuánto es
□ × 3 = 27?

$3\overline{)24}$

Pista: ¿Cuánto es
□ × 3 = 24?

$3\overline{)21}$

Pista: ¿Cuánto es
□ × 3 = 21?

$3\overline{)18}$

Pista: ¿Cuánto es
□ × 3 = 18?

$4\overline{)20}$

Pista: ¿Cuánto es
□ × 4 = 20?

$4\overline{)16}$

Pista: ¿Cuánto es
□ × 4 = 16?

$4\overline{)12}$

Pista: ¿Cuánto es
□ × 4 = 12?

$4\overline{)8}$

Pista: ¿Cuánto es
□ × 4 = 8?

$4\overline{)36}$

Pista: ¿Cuánto es
□ × 4 = 36?

$4\overline{)32}$

Pista: ¿Cuánto es
□ × 4 = 32?

$4\overline{)28}$

Pista: ¿Cuánto es
□ × 4 = 28?

$4\overline{)24}$

Pista: ¿Cuánto es
□ × 4 = 24?

6×2 Pista: ¿Cuánto es 2×6? 	$6 \bullet 3$ Pista: ¿Cuánto es $3 \cdot 6$? 	$6 * 4$ Pista: ¿Cuánto es $4 * 6$? 	6×5 Pista: ¿Cuánto es 5×6?
6×6 	$6 \bullet 7$ Pista: ¿Cuánto es $7 \cdot 6$? 	$6 * 8$ Pista: ¿Cuánto es $8 * 6$? 	6×9 Pista: ¿Cuánto es 9×6?
7×2 Pista: ¿Cuánto es 2×7? 	$7 \bullet 3$ Pista: ¿Cuánto es $3 \cdot 7$? 	$7 * 4$ Pista: ¿Cuánto es $4 * 7$? 	7×5 Pista: ¿Cuánto es 5×7?
7×6 Pista: ¿Cuánto es 6×7? 	$7 \bullet 7$ 	$7 * 8$ Pista: ¿Cuánto es $8 * 7$? 	7×9 Pista: ¿Cuánto es 9×7?

$6\overline{)30}$ Pista: ¿Cuánto es ☐ × 6 = 30? 	$6\overline{)24}$ Pista: ¿Cuánto es ☐ × 6 = 24? 	$6\overline{)18}$ Pista: ¿Cuánto es ☐ × 6 = 18? 	$6\overline{)12}$ Pista: ¿Cuánto es ☐ × 6 = 12?
$6\overline{)54}$ Pista: ¿Cuánto es ☐ × 6 = 54? 	$6\overline{)48}$ Pista: ¿Cuánto es ☐ × 6 = 48? 	$6\overline{)42}$ Pista: ¿Cuánto es ☐ × 6 = 42? 	$6\overline{)36}$ Pista: ¿Cuánto es ☐ × 6 = 36?
$7\overline{)35}$ Pista: ¿Cuánto es ☐ × 7 = 35? 	$7\overline{)28}$ Pista: ¿Cuánto es ☐ × 7 = 28? 	$7\overline{)21}$ Pista: ¿Cuánto es ☐ × 7 = 21? 	$7\overline{)14}$ Pista: ¿Cuánto es ☐ × 7 = 14?
$7\overline{)63}$ Pista: ¿Cuánto es ☐ × 7 = 63? 	$7\overline{)56}$ Pista: ¿Cuánto es ☐ × 7 = 56? 	$7\overline{)49}$ Pista: ¿Cuánto es ☐ × 7 = 49? 	$7\overline{)42}$ Pista: ¿Cuánto es ☐ × 7 = 42?

8 × 2 Pista: ¿Cuánto es 2 × 8? © Houghton Mifflin Harcourt Publishing Company	8 • 3 Pista: ¿Cuánto es 3 • 8? © Houghton Mifflin Harcourt Publishing Company	8 * 4 Pista: ¿Cuánto es 4 * 8? © Houghton Mifflin Harcourt Publishing Company	8 × 5 Pista: ¿Cuánto es 5 × 8? © Houghton Mifflin Harcourt Publishing Company
8 × 6 Pista: ¿Cuánto es 6 × 8? © Houghton Mifflin Harcourt Publishing Company	8 • 7 Pista: ¿Cuánto es 7 • 8? © Houghton Mifflin Harcourt Publishing Company	8 * 8 © Houghton Mifflin Harcourt Publishing Company	8 × 9 Pista: ¿Cuánto es 9 × 8? © Houghton Mifflin Harcourt Publishing Company
×	•	*	×
×	•	*	×

Puedes escribir cualquier número en las últimas 8 tarjetas. Úsalas para practicar problemas difíciles o si pierdes una tarjeta.

$8\overline{)40}$ Pista: ¿Cuánto es ☐ × 8 = 40? 	$8\overline{)32}$ Pista: ¿Cuánto es ☐ × 8 = 32? 	$8\overline{)24}$ Pista: ¿Cuánto es ☐ × 8 = 24? 	$8\overline{)16}$ Pista: ¿Cuánto es ☐ × 8 = 16?
$8\overline{)72}$ Pista: ¿Cuánto es ☐ × 8 = 72? 	$8\overline{)64}$ Pista: ¿Cuánto es ☐ × 8 = 64? 	$8\overline{)56}$ Pista: ¿Cuánto es ☐ × 8 = 56? 	$8\overline{)48}$ Pista: ¿Cuánto es ☐ × 8 = 48?
$\overline{)\quad}$	$\overline{)\quad}$	$\overline{)\quad}$	$\overline{)\quad}$
$\overline{)\quad}$	$\overline{)\quad}$	$\overline{)\quad}$	$\overline{)\quad}$

Puedes escribir cualquier número en las últimas 8 tarjetas. Úsalas para practicar problemas difíciles o si pierdes una tarjeta.

2-14
Haz la tarea

Nombre ______________________ Fecha ______________

Plan de estudio

____
Ayudante de tareas

Completa.

1. $6 \times 3 =$ ____
2. $7 \times 9 =$ ____
3. $4 \times 0 =$ ____
4. $30 \div 5 =$ ____
5. $18 \div 2 =$ ____
6. $70 \div 7 =$ ____
7. $36 \div$ ____ $= 9$
8. $3 \times$ ____ $= 24$
9. ____ $\div 8 = 0$
10. ____ $\times 7 = 35$
11. $60 =$ ____ $\times 6$
12. $4 = 28 \div$ ____
13. $72 = 8 \times$ ____
14. $2 =$ ____ $\div 10$
15. ____ $= 45 \div 9$
16. $21 =$ ____ $\times 7$
17. $8 = 64 \div$ ____
18. ____ $\times 374 = 0$

Resuelve.

19. Usando solo números enteros, Nikki escribió tantas ecuaciones de multiplicación como pudo con 12 como producto. ¿Cuáles fueron sus ecuaciones?

____

____

20. Pablo escribió cuatro ecuaciones de división con 6 como cociente. ¿Cuáles pueden haber sido las cuatro ecuaciones de división que escribió?

____

____

Nombre ____________________ Fecha ____________

Escribe una ecuación y resuelve el problema.

1. Stephen tiene una colección de estampillas con 72 estampillas. Coloca 9 estampillas en cada página de su álbum. ¿Cuántas páginas llena?

   ____

2. Hay 6 jaulas de aves en el zoológico. Hay dos aves en cada jaula. ¿Cuántas aves hay en las jaulas?

   ____

Usa una multiplicación básica y el cálculo mental para completar.

3. $2 \times 8 =$ ______
   $20 \times 8 =$ ______

4. $5 \times 9 =$ ______
   $5 \times 90 =$ ______

5. $3 \times 7 =$ ______
   $30 \times 7 =$ ______

6. $6 \times 4 =$ ______
   $60 \times 4 =$ ______

7. $9 \times 4 =$ ______
   $9 \times 40 =$ ______

8. $5 \times 5 =$ ______
   $50 \times 5 =$ ______

9. $7 \times 80 =$ ______

10. $70 \times 7 =$ ______

11. $6 \times 60 =$ ______

Escribe una ecuación y resuelve el problema.

12. Max tiene $12 para la excursión. Sue tiene $4 menos que Max. Ellen tiene $2 más que Sue. ¿Cuánto dinero tiene Ellen para la excursión?

    ____

13. Jeremiah corta el césped de 8 jardines. Andy corta el césped de 4 jardines menos que Jeremiah. Sally corta el césped en el doble de jardines que Andy. ¿En cuántos jardines corta el césped Sally?

    ____

14. **Amplía tu razonamiento** Escribe tres ecuaciones de multiplicación cuyo producto sea 24. Luego dibuja una matriz para una de tus ecuaciones.

    ____

2-15
Haz la tarea

Nombre ______________________ Fecha ____________

La lista semanal de comestibles de la cocina de un zoológico muestra que el zoológico pide 56 libras de bananas por semana. La cocina del zoológico usa el mismo número de libras de bananas todos los días.

1. Completa la tabla que muestra el número de libras de bananas que ha usado la cocina del zoológico después de cada día de la semana.

Número de días	1	2	3	4	5	6	7
Número de libras de bananas							56

2. Escribe una ecuación para mostrar cómo hallar el número de libras de bananas que usa el zoológico en un día.

____

Escribe una ecuación y resuelve el problema.

3. El zoológico usa 10 libras de manzanas por día. ¿Cuántas libras de manzanas debería haber en la lista semanal de comestibles?

____

4. Después de 6 días, ¿cuántas libras de manzanas usa el zoológico?

____

5. Después de 6 días, ¿cuántas libras más de manzanas que bananas usa el zoológico?

____

6. ¿Cuántas libras de bananas y manzanas en total usa el zoológico cada semana?

____

Nombre ______________________ Fecha ______________

Escribe una ecuación y resuelve el problema.

1. Tami usa fichas cuadradas para hacer una matriz. Coloca 5 fichas en cada fila. Forma 5 filas. ¿Cuántas fichas cuadradas usa?

 ____

2. La maestra Gibbs coloca 36 sillas para que los papás observen el desempeño de la clase. Forma 4 filas. ¿Cuántas sillas hay en cada fila?

 ____

Escribe una ecuación y resuelve el problema.

3. Hay 163 adultos y 37 estudiantes en el público. ¿Serán 4 paquetes de 50 programas suficientes para que cada persona del público reciba un programa? Explica.

 ____

4. Había 8 filas de marcos de cuadros en la tienda. Hay 7 marcos en cada fila. Se venden doce marcos. ¿Cuántos marcos quedan en la tienda?

 ____

Completa.

5. $40 \div 10 =$ ______

6. ______ $= 8 \times 3$

7. ______ $\times 4 = 28$

8. $2 \times 4 =$ ______

9. ______ $= 8 \times 8$

10. ______ $= 81 \div 9$

11. $9 \times 5 =$ ______

12. $42 \div$ ______ $= 6$

13. $9 \times$ ______ $= 63$

14. **Amplía tu razonamiento** Matt corre cuatro días a la semana. El primer día corre 30 minutos. El segundo día corre 5 minutos más que el primer día. El tercer día corre el mismo número de minutos que el segundo día. El cuarto día corre 10 minutos más que el día anterior. Después de que Matt corra el cuarto día, ¿cuántos minutos en total habrá corrido?

 ____

3-1
Haz la tarea

Nombre ______________________ **Fecha** __________

Escribe el número para cada dibujo de puntos o valor posicional.

1 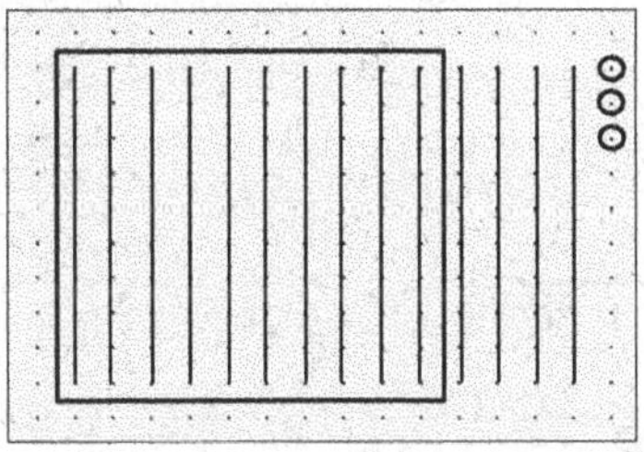

____

2 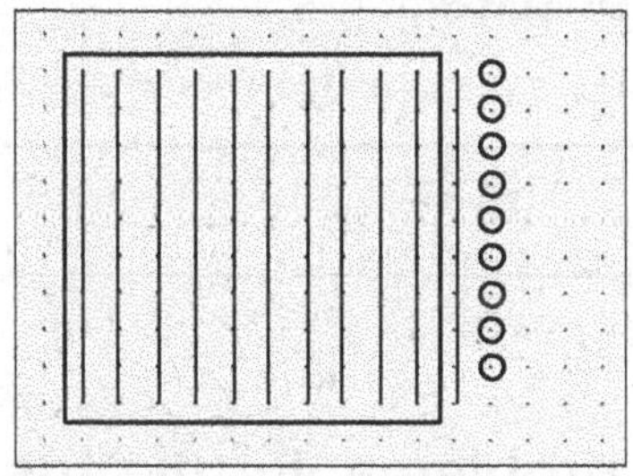

____

3 

____

4 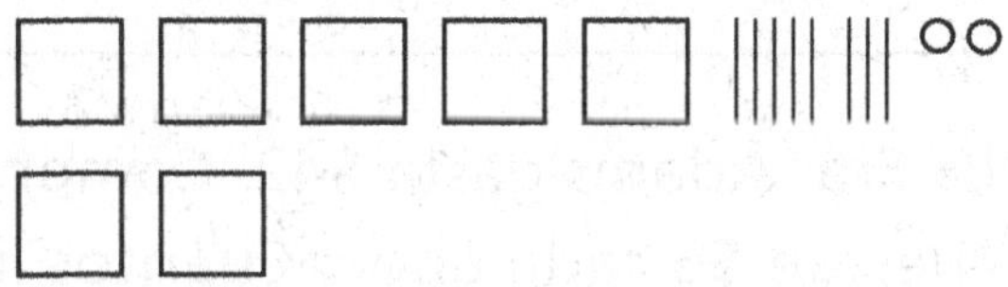

____

Haz un dibujo de valor posicional para cada número.

5 431

6 1,214

Escribe el número que representan las palabras.

7 mil sesenta

____

8 cuatro mil trescientos

____

9 noventa y siete

____

10 cuatrocientos cincuenta y cuatro

____

3-1
Recuerda

Nombre ______________________ Fecha ____________

Escribe las sumas de 5 que muestren cada multiplicación. Luego escribe el total.

1. 6 * ⑤ = ______________________________ = ______

2. 9 × ⑤ = ______________________________ = ______

Resuelve cada problema. Rotula tus respuestas.

3. Sam tiene 6 arañas de juguete. Cada araña tiene 8 patas. ¿Cuántas patas hay en total?

____

4. La Sra. Adams gasta $42. Compra libros que cuestan $6 cada uno. ¿Cuántos libros compra?

____

Halla el número desconocido para cada dibujo de matriz rápida.

5. 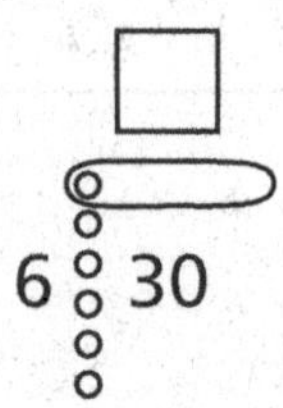

6. 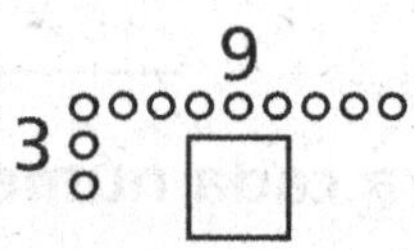

7. 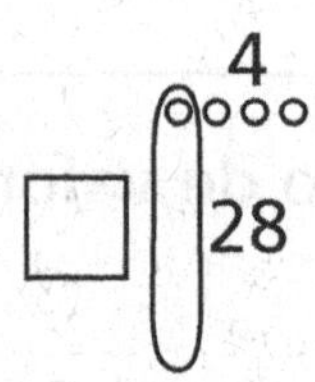

8. **Amplía tu razonamiento** Haz un dibujo de valor posicional de un número que tenga el doble del número de decenas que de unidades y 3 veces el número de millares que de centenas. Escribe el número.

____

3-2
Haz la tarea

Nombre ______________________ Fecha ______________

Escribe el número.

1. 300 + 20 + 4 = ______________
2. 500 + 40 + 3 = ______________
3. 800 + 50 + 2 = ______________
4. 600 + 70 = ______________
5. 900 + 5 = ______________
6. 1,000 + 50 = ______________
7. 7 centenas + 6 decenas + 5 unidades = ______________
8. 3 centenas + 5 decenas + 6 unidades = ______________
9. 4 centenas + 3 unidades = ______________
10. 2 centenas + 7 decenas = ______________
11. 6 centenas + 2 decenas = ______________
12. 2 millares + 9 decenas + 8 unidades = ______________

Escribe el número en forma desarrollada de dos maneras.

13. 272

______________ ______________

14. 420

______________ ______________

15. 585

______________ ______________

16. 604

______________ ______________

17. 732

______________ ______________

18. 2,107

______________ ______________

Nombre _______________ Fecha _______________

Haz un dibujo matemático para el problema y rotúlalo con una ecuación de multiplicación. Luego escribe la respuesta.

1. El entrenador Stevens coloca 6 conos en cada fila para la clase de educación física. Forma 4 filas. ¿Cuántos conos usa el entrenador Stevens?

____

2. Emily coloca adhesivos en 8 bolsas, con 5 adhesivos en cada una. ¿Cuántos adhesivos usa Emily?

____

Escribe el número para cada dibujo de valor posicional.

3. 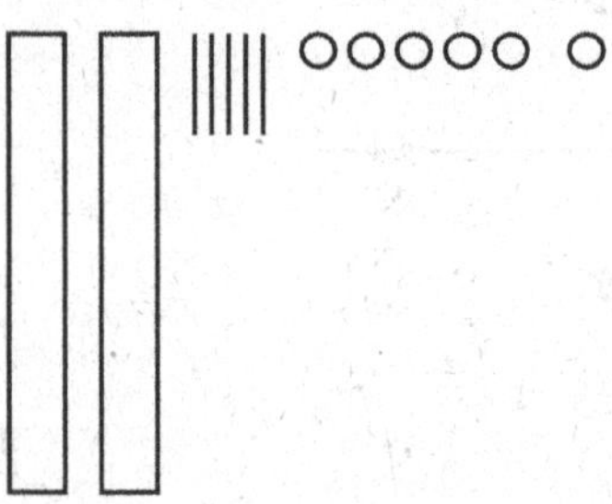

____

4. 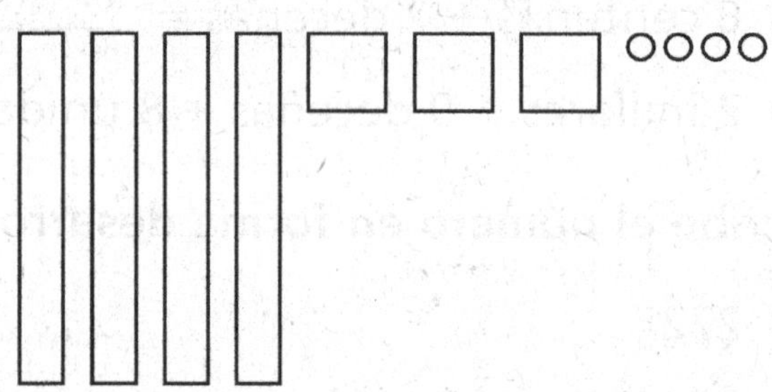

____

5. **Amplía tu razonamiento** Antón dice que 2,000 + 300 + 70 + 5 es igual que 23 centenas + 7 decenas + 5 unidades. ¿Tiene razón? Explica.

____
____
____
____

Nombre ______ Fecha ______

Usa un dibujo de valor posicional como ayuda para resolver cada problema. Rotula tus respuestas.

Muestra tu trabajo.

En la fiesta de cumpleaños de Kyle, dio a cada uno de sus 8 amigos una bolsa. Cada bolsa tenía 10 regalitos.

1. ¿Cuántos regalitos dio Kyle en total?

______

Un agricultor tenía 612 tomates. Los colocó en canastas de 100.

2. ¿Cuántas canastas llenó por completo?

______

3. ¿Cuántos tomates sobraron?

______

En la biblioteca, Eric coloca 112 libros en estantes. Cada estante contiene 10 libros.

4. ¿Cuántos estantes puede llenar Eric por completo?

______

5. ¿Cuántos libros sobrarán?

______

Escribe el número que representan las palabras.

6. ciento sesenta y siete ______
7. ochenta y dos ______
8. ciento veinte ______
9. quince ______
10. cuatro mil ciento seis ______
11. mil noventa y nueve ______

Nombre ____________________ Fecha ____________

Lee cada problema y decide qué tipo de problema es. Escribe la letra de la siguiente lista. Luego escribe una ecuación y resuelve el problema.

a. Multiplicación con matrices
b. División con matrices
c. Grupos iguales de multiplicación
d. División de grupos iguales con grupos de tamaño desconocido
e. División de grupos iguales con un multiplicador desconocido (número de grupos)

1. Ángela cuenta 18 personas en canoa en el lago. Hay 2 personas en cada canoa. ¿Cuántas canoas hay en el lago?

   ____

2. Toby tiene todos sus carritos en 7 filas. Hay 5 carritos en cada fila. ¿Cuántos carritos tiene?

   ____

Resuelve. Luego encierra en un círculo el tipo de problema y la operación que usaste para resolverlo.

3. El equipo se alinea en 7 filas para hacer ejercicio. Hay 6 corredores en cada fila. ¿Cuántos corredores están alineados?

   ____

   matriz grupos repetidos área multiplicación división

Escribe el número.

4. 100 + 40 + 8 = ________

5. 800 + 3 = ________

6. 2 centenas + 6 decenas + 7 unidades = ________

7. **Amplía tu razonamiento** Jordan tiene 90 fotos. Explica tres maneras en las que puede ordenar las fotos en su álbum para tener el mismo número de fotos en cada página.

   ____

   ____

3-4
Haz la tarea

Nombre ______________________ Fecha ______________

Ordena los valores posicionales y escribe el número.

1. 5 centenas + 0 unidades + 8 decenas

   ____

2. 2 unidades + 1 decena + 7 centenas

   ____

3. 9 centenas + 0 decenas + 8 unidades

   ____

4. 7 decenas + 7 centenas + 3 unidades

   ____

5. 3 decenas + 1 unidad + 2 centenas

   ____

6. 3 unidades + 2 centenas + 9 decenas

   ____

Resuelve cada problema. Rotula tu respuesta.

> La maestra Chang dio una caja de 10 lápices de colores a cada uno de sus 17 estudiantes.

7. ¿Cuántos lápices dio la maestra Chang?

   ____

> La panadería Finicky pone exactamente 100 pasas en cada pastel de zanahorias que hace. Tienen 233 pasas.

8. ¿Cuántos pasteles de zanahorias pueden hacer?

   ____

9. ¿Cuántas pasas sobrarán?

   ____

> Dora obtuvo 146 boletos de premio en la feria de la ciudad. Necesita 10 boletos para obtener un juguete pequeño.

10. ¿Cuántos juguetes puede obtener con sus boletos?

    ____

11. ¿Cuántos boletos le sobrarán?

    ____

Nombre ____________________ Fecha ____________

Halla el número desconocido para cada dibujo de matriz rápida.

1 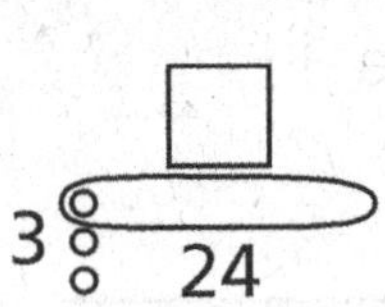

2 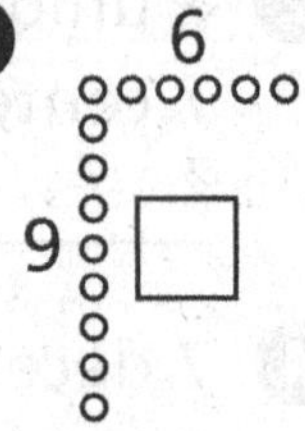

3 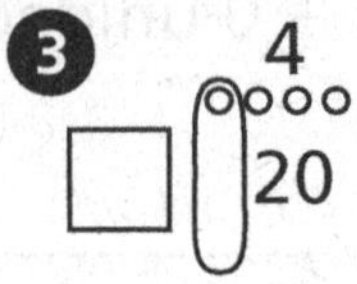

Haz un dibujo matemático para el problema y rotúlalo con una ecuación de multiplicación. Luego escribe la respuesta al problema.

4 El huerto de Kelly tiene 6 filas de tulipanes. Hay 5 tulipanes en cada fila. ¿Cuántos tulipanes hay en el huerto?

____

Usa dibujos de valor posicional como ayuda para resolver cada problema. Rotula tus respuestas.

Los estudiantes se preparan para una venta de libros. Tienen 543 libros. Colocan los libros en cajas de 10.

5 ¿Cuántos cajas llenan por completo?

____

6 ¿Cuántos libros sobran?

____

7 **Amplía tu razonamiento** Escribe un problema en el que el número del comienzo esté en las centenas y la respuesta sea *sobraron 4 boletos.*

____

____

3-5
Haz la tarea

Nombre ______________________ Fecha ______________

Resuelve redondeando a la centena más cercana. *Muestra tu trabajo*

1. El viernes, 718 personas fueron a la obra de teatro escolar. El sábado fueron 822 personas. Aproximadamente, ¿cuántas personas vieron la obra de teatro en total?

   ____

2. Hasta ahora, la Sra. Sahid ha leído 177 páginas de su libro de 392 páginas. Aproximadamente, ¿cuántas páginas le quedan por leer?

   ____

3. Este año, las tres calabazas más grandes en el concurso Calabaza Gigante pesó 558 libras, 644 libras y 715 libras. Aproximadamente, ¿cuánto pesaron las tres calabazas en total?

   ____

Redondea cada número a la centena más cercana.

4. 352 __________
5. 620 __________
6. 298 __________
7. 539 __________
8. 1,014 __________
9. 769 __________

Usa el redondeo para decidir si la respuesta es razonable. Luego halla la respuesta para ver si tenías razón.

10. 24 + 107 = 217 __________
11. 512 − 479 = 33 __________
12. 485 − 312 = 362 __________
13. 1,201 + 179 = 1,380 __________
14. 175 + 216 = 261 __________
15. 712 − 392 = 320 __________

Nombre ____________________ Fecha ____________

Usa una multiplicación básica y el cálculo mental para completar.

1. $7 \times 4 =$ ________ $7 \times 40 =$ ________
2. $6 \times 3 =$ ________ $60 \times 3 =$ ________
3. $5 \times 9 =$ ________ $5 \times 90 =$ ________
4. $70 \times 5 =$ ________
5. $60 \times 9 =$ ________
6. $50 \times 6 =$ ________

Multiplica o divide para hallar los números desconocidos.

7. $72 = 8 \times$ ________
8. $7 =$ ________ $\div 8$
9. ________ $\times 6 = 30$
10. $4 \times 6 =$ ________
11. $27 =$ ________ $\times 3$
12. $25 \div 5 =$ ________

Ordena los valores posicionales y escribe el número.

13. 5 unidades + 7 decenas + 1 centena

____

14. 4 decenas + 3 centenas + 8 unidades

____

15. 9 centenas + 2 unidades + 6 decenas

____

16. 2 decenas + 8 unidades + 5 centenas

____

17. **Amplía tu razonamiento** Se vendieron boletos de adultos y estudiantes para un concierto. Cuando los números de boletos de adultos y estudiantes se redondean, el número total de boletos vendidos es de aproximadamente 1,200. Enumera cuatro combinaciones diferentes de boletos de adultos y estudiantes que se pueden haber vendido.

adultos ________ y estudiantes ________

adultos ________ y estudiantes ________

adultos ________ y estudiantes ________

adultos ________ y estudiantes ________

3-6
Haz la tarea

Nombre ______ Fecha ______

Redondea cada número a la decena más cercana.

1. 907 ______ 2. 75 ______ 3. 196 ______

Resuelve.

Los estudiantes que compraron el almuerzo en la escuela primaria Rockwell ayer eligieron burritos o pizza. 185 estudiantes eligieron burritos y 252 eligieron pizza.

4. Estima el número de estudiantes que compraron el almuerzo redondeando cada número a la centena más cercana.

______

5. Estima cuántos estudiantes compraron el almuerzo redondeando cada número a la decena más cercana.

______

6. Halla el número total de estudiantes que compró el almuerzo. ¿Cuál de tus estimaciones es más cercana al total real? Explica.

______

______

7. Dibuja una figura en una hoja de papel. Estima cuántas monedas de 1¢ cabrán dentro de la figura. Comprueba tu predicción usando monedas de 1¢.

______

Usa el redondeo para decidir si la respuesta es razonable. Luego halla la respuesta para ver si tenías razón.

8. 57 − 39 = 81 9. 143 − 74 = 69 10. 155 + 36 = 161

______ ______ ______

Nombre ______ Fecha ______

Escribe una ecuación y resuelve el problema.

1. La zapatería tiene una pila de 9 cajas de zapatos. Hay dos zapatos en cada caja. ¿Cuántos zapatos hay en la pila?

______

2. La clase de la maestra Rak tiene 35 estudiantes. En cada mesa se sientan siete estudiantes. ¿Cuántas mesas de estudiantes hay?

______

Multiplica o divide para hallar los números desconocidos.

3. $50 \div 10 = \square$
4. $2 * \square = 14$
5. $\frac{54}{6} = \square$
6. $6 \bullet 4 = \square$
7. $\frac{49}{7} = \square$
8. $\square \times 4 = 20$

Usa el redondeo para decidir si la respuesta es razonable. Escribe tu estimación. Luego escribe es razonable o no es razonable.

9. $385 + 115 = 500$ ______
10. $602 + 284 = 796$ ______
11. $593 - 171 = 312$ ______
12. $983 - 442 = 541$ ______
13. $381 + 475 = 856$ ______
14. $395 + 284 = 808$ ______

15. **Amplía tu razonamiento** Vuelve a observar los ejercicios 9 a 14. Elige un ejercicio que tenga una respuesta no razonable. Explica por qué dijiste que la respuesta no era razonable.

______

______

______

3-7
Haz la tarea

Nombre ______________________ Fecha ______________

Resuelve usando un método numérico y un dibujo de prueba.

1. Nadia tenía 392 etiquetas engomadas. Compró 447 más. ¿Cuántas etiquetas engomadas tiene ahora?

   ____

2. La escuela primaria Sur tiene 537 estudiantes. La escuela primaria Norte tiene 386 estudiantes. ¿Cuántos estudiantes tienen las escuelas en total?

   ____

3. 329 + 655 = ______________

4. 439 + 492 = ______________

5. 612 + 216 = ______________

6. 231 + 397 = ______________

Ordena los valores posicionales y escribe el número.

7. 4 centenas + 2 decenas + 5 unidades ______________

8. 7 unidades + 3 centenas ______________

9. 3 decenas + 9 centenas ______________

3-7
Recuerda

Nombre ____________________ Fecha ____________

Multiplica o divide.

1. $7 * 3 =$ ______
2. $4 \times$ ______ $= 20$
3. $81 \div 9 =$ ______
4. $\frac{8}{2} =$ ______
5. $5 \bullet 9 =$ ______
6. $2 \times$ ______ $= 12$

Escribe una ecuación y resuelve el problema.

7. La juguetería recibe un envío de juegos. Hay 8 cajas. Cada caja tiene 20 juegos. ¿Cuántos juegos hay en el envío?

____

Resuelve.

El zoológico tiene 218 animales en exposición al aire libre y 454 animales en exposición bajo techo.

8. Estima el número de animales que el zoológico tiene redondeando cada número a la centena más cercana.

____

9. Estima cuántos animales tiene el zoológico redondeando cada número a la decena más cercana.

____

10. **Amplía tu razonamiento** Escribe una ecuación de suma que tendrá un dibujo de prueba con una nueva decena y una nueva centena. Luego haz un dibujo de prueba para comprobar.

____

Nombre ______________________ Fecha ______________

Resuelve cada problema usando un método numérico y un dibujo de prueba.

1. Delia supuso que había 534 frijoles en un frasco. Cuando el concurso terminó, se contaron los frijoles. Había 252 frijoles más de los que Delia supuso. ¿Cuántos frijoles había en el frasco?

   ____

2. La tienda de sándwiches de Silvia vendió 324 sándwiches la semana pasada. Esta semana vendieron 579 sándwiches más que la semana pasada. ¿Cuántos sándwiches vendió la tienda esta semana?

   ____

3. Una tienda de música en Internet vendió 438 CD el lunes y 325 CD el martes. ¿Cuántos CD vendió la tienda esos dos días?

   ____

Escribe cada suma verticalmente. Alinea las posiciones correctamente y suma. Haz un dibujo de prueba para mostrar que tu respuesta es correcta.

4. $657 + 69 =$ ______

5. $459 + 265 =$ ______

6. $256 + 99 =$ ______

Nombre ______________________ Fecha ______________

Multiplica o divide para hallar los números desconocidos.

1. $\frac{40}{8} = \square$
2. $5 * \square = 50$
3. $2\overline{)10} = \square$
4. $6 \cdot 10 = \square$
5. $90 \div 10 = \square$
6. $\square \times 4 = 20$

Resuelve.

7. El valet estacionó 5 filas de carros en el estacionamiento. Colocó 5 carros en cada fila. ¿Cuántos carros estacionó?

____

Resuelve usando un método numérico y un dibujo de prueba.

8. Jared y Rachel juegan un videojuego. Jared tiene 463 puntos. Rachel tiene 329 puntos. ¿Cuántos puntos tienen en total?

____

9. $525 + 346 =$ ________

10. **Amplía tu razonamiento** Escribe un problema que tendrá un dibujo de prueba sin nuevas decenas ni nuevas centenas. Explica cómo elegiste tus números. Resuelve usando un método numérico y un dibujo de prueba.

____

____

____

____

Nombre ______________________ Fecha ______________________

Escribe cada suma verticalmente. Decide qué nuevos grupos formarás. Luego suma para ver si estabas en lo cierto.

1. 256 + 273 __________

   ¿Una nueva decena? __________

   ¿Una nueva centena? __________

2. 784 + 41 __________

   ¿Una nueva decena? __________

   ¿Una nueva centena? __________

3. 184 + 924 __________

   ¿Una nueva decena? __________

   ¿Una nueva centena? __________

   ¿Un nuevo millar? __________

Suma.

4. $\begin{array}{r} 490 \\ +\ 421 \\ \hline \end{array}$

5. $\begin{array}{r} 512 \\ +\ 355 \\ \hline \end{array}$

6. $\begin{array}{r} 1,629 \\ +\ 78 \\ \hline \end{array}$

7. $\begin{array}{r} 239 \\ +\ 74 \\ \hline \end{array}$

8. $\begin{array}{r} 198 \\ +\ 299 \\ \hline \end{array}$

9. $\begin{array}{r} 1,199 \\ +\ 227 \\ \hline \end{array}$

Escribe una ecuación y resuelve el problema.

10. El huerto tiene 246 frutales y 59 pacanos. ¿Cuántos árboles hay en el huerto en total?

____

3-9
Recuerda

Nombre ____________________ Fecha ____________

Escribe el número para cada dibujo de valor posicional.

❶ 

❷ 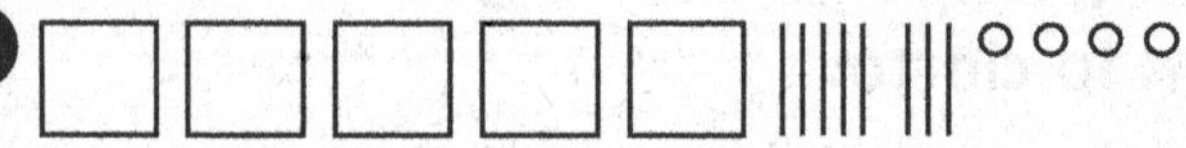

______________________ ______________________

Escribe el número.

❸ 600 + 30 + 8 = ____________

❹ 200 + 50 + 1 = ____________

❺ 8 centenas + 7 unidades = ____________

❻ 2 millares + 2 decenas + 4 unidades = ____________

Resuelve el problema usando un método numérico y un dibujo de prueba.

❼ Sarah tiene 493 adhesivos en su colección. Tyler tiene 245 adhesivos en su colección. ¿Cuántas adhesivos tienen en total?

____

❽ **Amplía tu razonamiento** Escribe una ecuación de suma que tendrá un nuevo millar, una nueva centena y una nueva decena. Luego resuelve. Explica cómo elegiste tus números.

____

____

____

Nombre ______________________ Fecha ____________

Anota el peso de los peces de agua salada

Tipo de pez	Peso en libras
Fletán	255
Tintorera	454
Lubina gigante	563
Alabato del Pacífico	459
Atún de aleta amarilla	388

Escribe una ecuación y resuelve el problema. *Muestra tu trabajo.*

1. ¿Cuál es el peso combinado de los dos peces de agua salada más pequeños de la tabla?

   ____

2. ¿El peso total de qué dos peces es 913 libras?

   ____

3. ¿El total de qué dos peces es de aproximadamente 820 libras?

   ____

4. ¿El total de qué dos peces es de aproximadamente 700 libras?

   ____

5. ¿El peso de qué dos peces se redondea al mismo número?

   ____

Nombre ______________________________ Fecha __________

Halla el número desconocido para cada dibujo de matriz rápida.

1 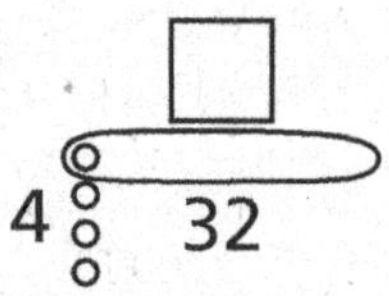

2 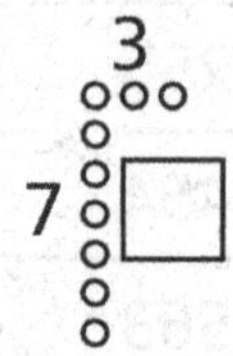

3 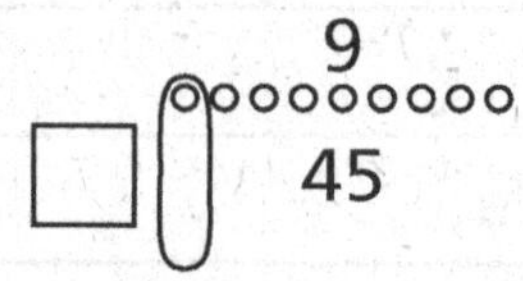

Resuelve el problema usando un método numérico y un dibujo de prueba.

4 Makayla obtiene 537 puntos en el videojuego. Steven obtiene 446 puntos. ¿Cuántos puntos obtienen en total?

____

Escribe cada suma verticalmente. Decide qué nuevos grupos formarás. Luego suma para ver si estabas en lo cierto.

5 481 + 236

¿Una nueva decena? ________

¿Una nueva centena? ________

6 479 + 380

¿Una nueva decena? ________

¿Una nueva centena? ________

7 **Amplía tu razonamiento** Escribe tres ecuaciones de suma diferentes que tengan un total de 834 y requieran al menos un nuevo grupo.

3-11
Haz la tarea

Nombre ______________________ Fecha ______________

Haz un dibujo de prueba y resta numéricamente. Muestra tus desagrupaciones.

1. Oksana hizo 147 brazaletes para vender en la feria de arte. Al final del día sábado, había vendido 63 brazaletes. ¿Cuántos brazaletes le quedaron?

____

2. La Sra. Chao colecciona botones. Tenía 382 botones, pero vendió 57 a otros coleccionistas. ¿Cuántos botones le quedan?

____

3. El lunes en la mañana, una librería tenía 412 copias de un libro popular. Al final del día, habían vendido 153 copias del libro. ¿Cuántas copias les quedaban?

____

Resta. Muestra tus desagrupaciones. Haz dibujos de comprobación si es necesario.

4. $\begin{array}{r} 333 \\ -\ 71 \\ \hline \end{array}$

5. $\begin{array}{r} 253 \\ -\ 172 \\ \hline \end{array}$

6. $\begin{array}{r} 435 \\ -\ 89 \\ \hline \end{array}$

7. $\begin{array}{r} 562 \\ -\ 267 \\ \hline \end{array}$

8. $\begin{array}{r} 713 \\ -\ 53 \\ \hline \end{array}$

9. $\begin{array}{r} 825 \\ -\ 716 \\ \hline \end{array}$

Nombre ______________________ Fecha ______________

Suma o resta.

1

15	8	3	14	7	13
− 8	+ 8	+ 9	− 5	+ 4	− 6

Resuelve cada problema.

2 Tommy compra 6 cuadernos. Cuestan $3 cada uno. ¿Cuánto gasta?

____

3 Olivia tiene 42 panecillos. Coloca el mismo número de panecillos en 6 canastas. ¿Cuántos panecillos coloca Olivia en cada canasta?

____

Venta de mascotas

Tipo de mascota	Número
Aves	363
Peces	278
Gatos	368
Perros	451

Usa la tabla para 4 y 5. Escribe una ecuación y resuelve el problema.

4 ¿El total para qué dos ventas de mascotas es 731? *Muestra tu trabajo.*

____

5 ¿Cuál es el número total de ventas para las dos mascotas con el menor número de ventas?

____

6 **Amplía tu razonamiento** Compara y contrasta un dibujo de valor posicional de suma y dibujo de valor posicional de resta.

____

____

3-12
Haz la tarea

Nombre ______________________ Fecha ______________

Resta. Muestra tus desagrupaciones. Usa dibujos de comprobación si es necesario.

1. $400 - 341$

2. $700 - 456$

3. $300 - 118$

4. $500 - 238$

5. $200 - 47$

6. $800 - 572$

Resuelve cada problema.

7. La cafetería de la escuela tiene capacidad para 200 estudiantes. La clase del maestro Thompson tiene 22 estudiantes que almuerzan en la cafetería. ¿Cuántos estudiantes más pueden comer en la cafetería cuando la clase del maestro Thompson almuerza?

____

8. La biblioteca de la escuela tiene 300 libros sobre deporte. Los estudiantes han retirado setenta y cuatro de esos libros. ¿Cuántos libros más sobre deporte quedan todavía en la biblioteca?

____

9. Ciento cuarenta y cinco personas asistieron al partido de baloncesto de la escuela. El partido se jugó en un auditorio con capacidad para cuatrocientos espectadores. ¿Cuántos espectadores más podrían haber asistido al partido de baloncesto?

____

Nombre ______________________ Fecha ______________

Escribe una ecuación y resuelve el problema.

1. Hay 72 patinetas en la tienda. Si Todd vende 8 por día, ¿cuántos días le tomará vender todas las patinetas?

____

Completa.

2. $36 = \_\_\_\_ \times 4$

3. $\_\_\_\_ \times 9 = 81$

4. $\_\_\_\_ = 54 \div 6$

Haz un dibujo de prueba y resta numéricamente. Muestra tus desagrupaciones.

5. La PTA tiene 248 boletos para la rifa de la escuela. Vendieron 82 boletos en la mañana. ¿Cuántos boletos les queda vender?

____

6. Hay 361 carpetas de papel en la caja. Brenda usa 85 para una presentación. ¿Cuántas carpetas de papel quedan en la caja?

____

7. El restaurante tiene 436 pajillas en una canasta. Si usan 158 pajillas en el almuerzo, ¿cuántas pajillas quedarán en la canasta?

____

8. **Amplía tu razonamiento** Escribe un problema que se corresponda con el dibujo de prueba. Resuelve tu problema.

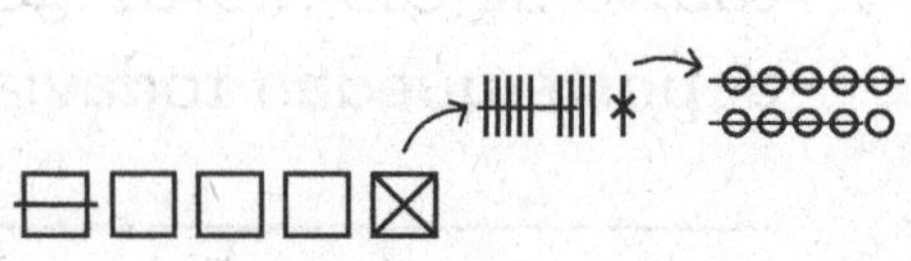

____

____

____

____

3-13
Haz la tarea

Nombre ______________________ Fecha ______________

Resuelve cada problema.

1. Colin necesita 300 boletos para ganar un libro para colorear en la sala de juegos. Ya tiene 124 boletos. ¿Cuántos boletos más necesita?

____

2. Cuando llegó la biblioteca móvil, tenía 321 libros. Al final del día, quedaban 87 libros. ¿Cuántos libros se tomaron prestados?

____

3. Hay 504 estudiantes en la escuela de Maya. Todos los estudiantes estaban anotados para ir de excursión al zoológico. Un total de 68 estudiantes no pudo ir. ¿Cuántos estudiantes fueron a la excursión?

____

4. Mark colecciona tarjetas deportivas. Tiene 452 tarjetas en su colección. Tiene 273 tarjetas de fútbol americano y el resto son tarjetas de béisbol. ¿Cuántas tarjetas de béisbol tiene Mark en su colección?

____

Resta.

5. $\begin{array}{r} 972 \\ -\ 129 \\ \hline \end{array}$

6. $\begin{array}{r} 300 \\ -\ 276 \\ \hline \end{array}$

7. $\begin{array}{r} 725 \\ -\ 458 \\ \hline \end{array}$

8. $\begin{array}{r} 462 \\ -\ 189 \\ \hline \end{array}$

9. $\begin{array}{r} 500 \\ -\ 236 \\ \hline \end{array}$

10. $\begin{array}{r} 997 \\ -\ 218 \\ \hline \end{array}$

11. Escribe un problema para uno de los ejercicios de resta de arriba.

____

____

____

3-13
Recuerda

Nombre ______________________ Fecha ____________

Resuelve el problema usando un método numérico y un dibujo de prueba.

1 La cafetería del estadio tiene 478 vasos en el dispensador. El administrador abre un nuevo paquete y coloca 335 vasos más en el dispensador. ¿Cuántos vasos hay ahora en el dispensador?

____

Resta. Muestra tus desagrupaciones. Usa dibujos de prueba si es necesario.

2 $\begin{array}{r} 500 \\ -\ 246 \\ \hline \end{array}$

3 $\begin{array}{r} 600 \\ -\ 392 \\ \hline \end{array}$

4 $\begin{array}{r} 800 \\ -\ 417 \\ \hline \end{array}$

5 **Amplía tu razonamiento** Alexander comienza con 500 adhesivos de estrellas. Usa algunos para hacer un cartel. Ahora tiene 286 adhesivos de estrellas. ¿Qué cartel hace? Explica cómo resolverlo.

____

____

____

____

____

Cartel	Número de estrellas
Recompensas	376
Constelaciones	286
Cielo nocturno	214
Banderas	204

Nombre ______________________ Fecha ____________

Lee cada problema. Luego sigue las instrucciones que están debajo del problema. Este es un problema verbal de suma:

En la obra de teatro de la escuela, 194 personas asistieron al espectáculo la primera noche y 185 personas asistieron al espectáculo la segunda noche. ¿Cuántas personas asistieron al espectáculo las dos noches?

1. Resuelve el problema. ______________________
2. Escribe un problema verbal de resta relacionado con el problema verbal de suma. Luego halla la respuesta sin hacer cálculos.

____

____

____

____

Este es un problema verbal de resta:

Rosi tenía 200 hojas de cartulina. Usó 67 hojas para hacer invitaciones a una fiesta y el resto para hacer decoraciones. ¿Cuántas hojas usó para hacer decoraciones?

3. Resuelve el problema. ______________________
4. Escribe un problema verbal de suma relacionado con el problema verbal de resta. Luego halla la respuesta sin hacer cálculo.

____

____

____

____

3-14
Recuerda

Nombre ______________________ **Fecha** __________

Escribe el número que las palabras representan.

1. ciento cuarenta y seis ________
2. noventa y tres ________
3. cuatrocientos doce ________
4. sesenta ________

Redondea cada número a la centena más cercana.

5. 438 ________
6. 649 ________
7. 251 ________

Resuelve el problema usando un método numérico y un dibujo de prueba.

8. $362 + 487 =$ ________
9. $359 + 561 =$ ________

Resta.

10. $841 - 617$
11. $300 - 138$
12. $953 - 386$
13. $403 - 248$
14. $739 - 492$
15. $800 - 361$

16. **Amplía tu razonamiento** El total de dos números es 892. Escribe una ecuación de suma con el total de 892. Luego escribe una ecuación de resta relacionada.

____

____

____

Nombre ____________________ Fecha ____________

Resuelve cada problema.

1. Joey tiene 450 tarjetas de béisbol en su colección. Si da a su hermano 190 tarjetas, ¿cuántas tarjetas de béisbol le quedarán a Joey en su colección?

   ____

2. Susan descargó 425 canciones en su teléfono celular. Dio a su amiga 148 canciones. ¿Cuántas canciones tiene todavía Susan?

   ____

3. El equipo de fútbol americano de la escuela de Sahil anotó 202 puntos en sus diez partidos. Los equipos contra los que jugaron anotaron 158 puntos en esos mismos diez partidos. ¿Cuántos puntos más anotó el equipo de la escuela de Sahil?

   ____

4. Jennifer viajó 950 millas para visitar a sus abuelos para las vacaciones de verano. Viajó 487 millas el primer día. ¿Cuántas millas más debe viajar Jennifer para llegar a la casa de sus abuelos?

   ____

5. Al comienzo del año escolar, la librería tenía 130 copias del libro de matemáticas de tercer grado. Al final del primer mes de escuela, se vendieron todos menos 16 libros. ¿Cuántos libros de matemáticas se vendieron durante el primer mes de escuela?

   ____

Nombre _______________ Fecha _______________

Haz un dibujo matemático para el problema y rotúlalo con una ecuación de multiplicación. Luego escribe la respuesta al problema.

1. El concesionario de carros tiene sus carros usados ordenados en 4 filas, con 5 carros en cada una. ¿Cuántos carros usados hay?

____

Resta.

2. $\begin{array}{r} 395 \\ -\ 104 \\ \hline \end{array}$

3. $\begin{array}{r} 800 \\ -\ 352 \\ \hline \end{array}$

4. $\begin{array}{r} 572 \\ -\ 498 \\ \hline \end{array}$

Lee el problema. Luego sigue las instrucciones que están debajo del problema. Este es un problema de suma:

> Selena lee un libro por semana. El libro que leyó la semana pasada tenía 149 páginas. Esta semana acaba de terminar un libro con 283 páginas. ¿Cuántas páginas leyó durante las dos semanas?

5. Resuelve el problema.

____

6. Escribe un problema de resta relacionado con el problema de suma del Ejercicio 5. Luego halla la respuesta.

____

____

____

7. **Amplía tu razonamiento** Usa el número 382 para escribir una ecuación de resta en el que solo las decenas estén desagrupadas. Resuelve.

____

3-16
Haz la tarea

Nombre ______________________ Fecha ______________

Resuelve.

1. Escribe y resuelve un problema de suma que tenga los números 268 y 487.

____

____

____

2. Escribe y resuelve un problema de resta que tenga los números 194 y 526.

____

____

____

3. El personal del anuario tomó un total de 905 fotografías. Usaron 487 fotografías en el anuario. ¿Cuántas fotografías no se usaron?

____

4. El Sr. Pinsky tiene que leer un libro de 362 páginas para su club de lectura. Leyó las 129 primeras páginas la semana pasada. Esta semana tiene que leer 153 páginas. ¿Cuántas páginas le quedan por leer?

____

5. Travis fue a tres zoológicos durante sus vacaciones de verano. Vio 250 animales en total. De los animales, 163 eran crías. ¿Cuántos animales no eran crías?

____

3-16
Recuerda

Nombre ______________________ Fecha ______________

Estudiantes en escuelas

Escuela	Número
Primaria Rivers	269
Escuela media Pines	382
Secundaria Audubon	468

Escribe una ecuación y resuelve el problema.

Muestra tu trabajo.

1. ¿Cuál es el número total de estudiantes en la escuela secundaria Audubon y la primaria Rivers?

____

2. ¿El número total de qué dos escuelas es de aproximadamente 900 estudiantes?

____

Resta. Muestra tus desagrupaciones. Usa dibujos de comprobación si es necesario.

3. $\begin{array}{r} 600 \\ -\ 58 \\ \hline \end{array}$

4. $\begin{array}{r} 900 \\ -\ 622 \\ \hline \end{array}$

5. $\begin{array}{r} 800 \\ -\ 316 \\ \hline \end{array}$

Resuelve el problema.

6. La competencia de canto comenzó con 794 participantes. Ahora, solo 247 participantes siguen en la competencia. ¿Cuántos participantes ya no están en la competencia?

____

7. **Amplía tu razonamiento** Escribe una ecuación de resta que tenga dos números de 3 dígitos con diferentes dígitos en las centenas y una diferencia de menos de 100. Luego resuélvela.

____

3-17
Haz la tarea

Nombre ______________________ Fecha ______________

Resuelve cada problema. Rotula tus respuestas.

1. Maya tenía una docena de huevos blancos y una docena de huevos marrones en su refrigerador. Usó 6 huevos blancos y 8 huevos marrones para preparar el desayuno. ¿Cuántos huevos le quedan?

   ____

2. La familia de Jake estuvo de vacaciones dos semanas y cinco días. La familia de Seth estuvo de vacaciones tres semanas y dos días. ¿Cuántos días menos estuvo de vacaciones Jake que Seth?

   ____

3. Hay 48 perros, 39 gatos y algunas aves en la tienda de mascotas. Hay un total de 99 mascotas. ¿Cuántas aves hay en la tienda de mascotas?

   ____

4. El grupo de lectura retiró 36 libros de la biblioteca. 17 libros son de ficción, 10 son biografías y algunos son de ciencias. ¿Cuántos libros son de ciencias?

   ____

Usa el redondeo para decidir si la respuesta es razonable. Escribe *sí* o *no*. Luego halla la respuesta para ver si estabas en lo cierto.

5. Una vendedora vendió en el partido de béisbol 405 botellas de agua el sábado. Vendió 127 botellas menos el domingo. Vendió 178 botellas el domingo.

   ____

6. La panadería hizo 600 roscas. Hicieron 384 roscas más que *bagels*. La panadería hizo 216 *bagels*.

   ____

7. Randall encontró 54 conchas de mar y su hermana encontró 37 conchas de mar en la playa. Juntos, encontraron 91 conchas de mar en la playa.

   ____

8. Julia vendió 56 tomates, 27 cebollas y 38 pimentones en el mercado de productores. Vendió 11 vegetales en total.

   ____

Nombre ______________________ Fecha ______

Resta. Muestra tus desagrupaciones. Usa dibujos de prueba si es necesario.

1. $\begin{array}{r} 900 \\ -\ 637 \\ \hline \end{array}$

2. $\begin{array}{r} 400 \\ -\ 352 \\ \hline \end{array}$

3. $\begin{array}{r} 500 \\ -\ 371 \\ \hline \end{array}$

Escribe una ecuación y resuelve el problema.

4. La tienda de mascotas tiene 7 peceras. Hay 9 peces en cada pecera. ¿Cuántos peces en total hay en las peceras?

____

5. Declan tiene 81 billetes de un dólar. Los coloca en pilas de 9. ¿Cuántas pilas forma?

____

6. Escribe y resuelve un problema verbal de suma que tenga los números 495 y 247.

____

____

7. **Amplía tu razonamiento** Jada tiene una colección de 179 adhesivos de caballos, 218 adhesivos de osos y 307 adhesivos de gatos. Jada dice que tiene aproximadamente 500 adhesivos en total. ¿Es razonable la estimación de Jada? Explica. ¿Cuántos adhesivos en total tiene Jada en su colección?

____

____

____

3-18
Haz la tarea

Nombre ________________________ Fecha ____________

Se puede viajar de China a Suecia, Moscú, México y París y luego de vuelta a China y nunca salir del estado de Maine.

Usa el mapa para los problemas 1 a 4.

Resuelve.

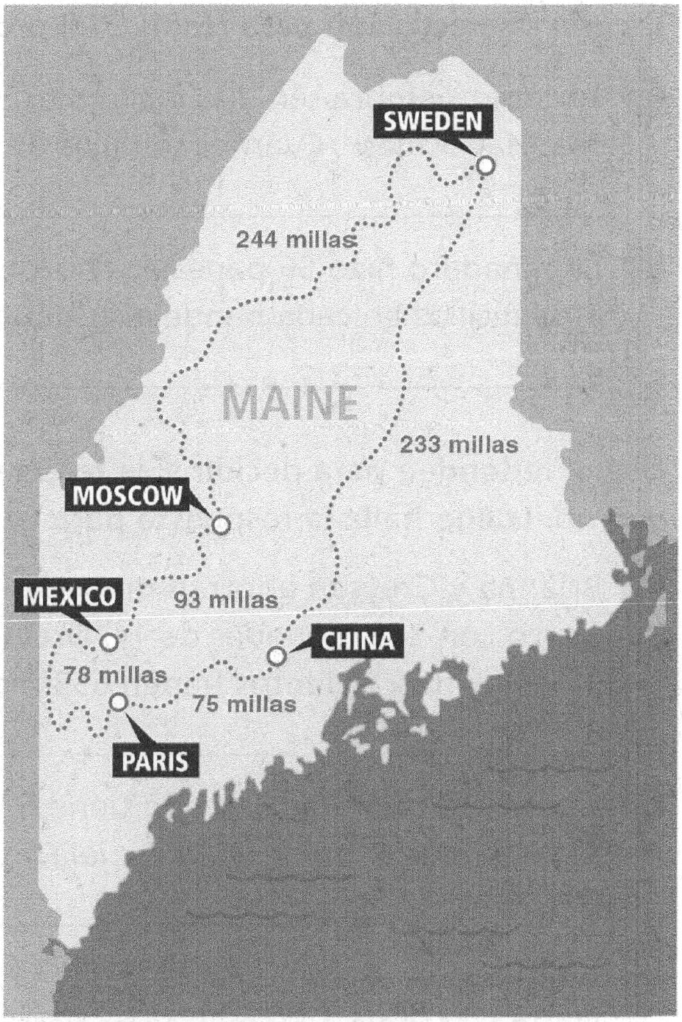

1. ¿Cuánta mayor distancia hay de Moscú a Suecia que de Suecia a China?

   ____

2. Si viajaras de China a París y a México y luego a Moscú, ¿cuántas millas viajarías en total?

   ____

3. Imagina que haces el viaje de China a Suecia, Moscú, México y París y luego de vuelta a China. Aproximadamente, ¿cuántas millas viajarías?

   ____

   ____

4. Si viajas a 60 millas por hora, aproximadamente, ¿cuántas horas te tomaría viajar de Moscú a Suecia?

   ____

Nombre ______________________ Fecha ______________

Multiplica o divide para hallar los números desconocidos.

1. $\frac{36}{9} = \square$
2. $40 \div 5 = \square$
3. $2 \cdot 7 = \square$
4. $7 \times 5 = \square$
5. $10\overline{)90} = \square$
6. $10 * 8 = \square$

Escribe una ecuación para resolver el problema.

7. Antonio siembra semillas de frijoles. Coloca 6 semillas en cada fila. Hay 5 filas. ¿Cuántas semillas de frijol siembra?

   ____

8. El panadero hizo 56 panecillos horneados frescos. Hay 8 panecillos en cada bandeja. ¿Cuántas bandejas usó?

   ____

Usa el redondeo para decidir si la respuesta es razonable. Escribe *sí* o *no*. Luego halla la respuesta para ver si estabas en lo cierto.

9. Brianna y Greyson ahorran monedas de 1¢. Brianna tiene un frasco con 348 monedas de 1¢. Greyson tiene 395 monedas de 1¢ en su frasco. Juntos tienen 653 monedas de 1¢.

   ____

10. La escuela primaria Harrison tiene 672 estudiantes. Hay 313 niñas. Hay 359 niños en la escuela.

    ____

11. **Amplía tu razonamiento** Manuel maneja 300 millas a Orlando, Florida. Maneja a 50 millas por hora. Después de manejar dos horas, se toma un descanso de 15 minutos. Dos horas después de su primer descanso, se toma un descanso de 30 minutos. Luego maneja dos horas más. Si incluyes los dos descansos, ¿cuánto le toma a Manuel llegar a Orlando?

    ____

3-19
Haz la tarea

Nombre ______________________ Fecha ____________

1. Escribe doscientos setenta mil, cuatrocientos seis en forma estándar.

____

2. Escribe 147,296 en palabras.

____

3. Escribe 307,028 en forma desarrollada.

____

Escribe mayor que (>), menor que (<) o igual a (=) para hacer que cada enunciado sea verdadero.

4. 5,408 ◯ 5,480
5. 63,149 ◯ 63,149
6. 7,654 ◯ 7,564

Escribe cada grupo de números de mayor a menor.

7. 14,250 7,205 12,480

____

8. 26,084 26,804 20,846

____

Redondea a la posición del dígito subrayado.

9. 4<u>8</u>,295 ________

10. 83,<u>2</u>09 ________

3-19
Recuerda

Nombre ________________________ Fecha ________

Usa la multiplicación básica y el cálculo mental para completar.

1. $6 \times 7 =$ _____
   $6 \times 70 =$ _____

2. $5 \times 9 =$ _____
   $5 \times 90 =$ _____

3. $8 \times 6 =$ _____
   $8 \times 60 =$ _____

4. $60 \times 4 =$ _____

5. $50 \times 8 =$ _____

6. $80 \times 7 =$ _____

Lee el problema de resta. Luego sigue las instrucciones debajo del problema.

> La biblioteca de la escuela tiene 300 libros sobre animales. Los estudiantes de tercer grado tomaron prestados 129 de esos libros para hacer informes sobre animales. ¿Cuántos libros sobre animales quedan en la biblioteca de la escuela?

7. Resuelve el problema. ____________________

8. Escribe un problema verbal de suma relacionado con el problema verbal de resta. Luego halla la respuesta sin hacer cálculos.

____

____

____

____

9. **Amplía tu razonamiento** Sara dice que 400,000 + 7,000 + 300 + 2 es igual que 47 millares + 3 centenas + 2 unidades. ¿Tiene razón? Explica.

____

____

____

3-20
Haz la tarea

Nombre _______________ Fecha _______________

Usa un modelo de área para hallar la respuesta.

1. $47 \times 3 =$ _____

2. $70 \times 5 =$ _____

3. $4 \times 32 =$ _____

4. $89 \times 2 =$ _____

Haz el dibujo de un rectángulo para cada problema. Rotula tu dibujo con una ecuación de multiplicación. Luego escribe la respuesta al problema.

Muestra tu trabajo.

5. Un panadero llena 36 cajas con panecillos. Cada caja tiene 6 panecillos. ¿Cuántos panecillos tiene?

____

6. Estudiantes de la escuela Brookside van de excursión. Viajan en 7 autobuses. Hay 48 estudiantes en cada autobús. ¿Cuántos estudiantes van de excursión?

____

Nombre Fecha

Resta. Muestra tus desagrupaciones. Usa dibujos de prueba si es necesario.

1. $476 - 92$
2. $341 - 146$
3. $425 - 371$
4. $753 - 65$
5. $224 - 54$
6. $632 - 418$

Escribe una ecuación y resuelve el problema.

7. La clase del maestro Neal tiene 24 estudiantes. Se forman equipos de seis estudiantes para el día de excursión. ¿Cuántos equipos hay?

8. Una tienda de pasatiempos tiene 3 estantes de kits para construir cohetes. Hay 7 kits en cada estante. ¿Cuántos kits para construir cohetes tiene la tienda?

9. **Amplía tu razonamiento** Carson multiplicó un número de 2 dígitos por un número de 1 dígito y obtuvo el producto 235. Hizo el dibujo de un rectángulo y multiplicó 5 × 7 para hallar el producto de las unidades. Haz el dibujo del rectángulo de Carson.

Nombre _______________ Fecha _______________

Dibuja un rectángulo para cada problema. Halla el producto de las centenas, el producto de las decenas, el producto de las unidades y el total.

1. 5 × 241

____
____
____
____

2. 8 × 493

____
____
____
____

3. 7 × 309

____
____
____
____

4. 3 × 675

____
____
____
____

Resuelve.

Muestra tu trabajo

5. La familia Morgan va en carro al parque nacional Yellowstone. Recorren aproximadamente 354 millas por día durante 4 días. ¿Cuántas millas recorren en total?

____

Nombre ______________________ Fecha ______________

Escribe el número en forma estándar.

1. 50,000 + 2,000 + 300 + 40 + 9 = ______________
2. 100,000 + 90,000 + 400 + 20 + 2 = ______________
3. 70,000 + 6,000 + 900 + 3 = ______________
4. 300,000 + 1,000 + 100 + 60 = ______________
5. 800,000 + 40,000 + 70 + 8 = ______________

Visitantes al museo

Día	Número
Viernes	4,382
Sábado	7,520
Domingo	6,863

Usa la tabla para 6 y 7. Resuelve el problema redondeando a la mayor posición.

6. Aproximadamente, ¿cuántas personas visitaron el museo el sábado y el domingo?

____

7. Aproximadamente, ¿cuántas personas más personas visitaron el museo el domingo que el viernes?

____

8. **Amplía tu razonamiento** Escribe una ecuación de multiplicación que tenga un número de 3 dígitos y un número de 1 dígito con 4 dígitos diferentes y un producto menor que 3,000. Luego resuélvela.

____

3-22
Haz la tarea

Nombre ______________________ Fecha ______________

Usa la regla para completar cada tabla de entrada y salida.

1

Regla: Sumar 3	
Entrada	Salida
6	9
10	
17	
24	
35	

2

Regla: Multiplicar por 4	
Entrada	Salida
2	8
3	
5	
8	
10	

3

Regla: Restar 1	
Entrada	Salida
24	23
37	
50	
82	
99	

Halla la regla para cada tabla de entrada y salida. Luego completa la tabla.

4

Regla:	
Entrada	Salida
3	6
4	8
7	14
9	
10	

5

Regla:	
Entrada	Salida
17	12
25	20
38	33
60	
83	

6

Regla:	
Entrada	Salida
34	44
47	57
52	62
75	
80	

7 Una banda marcha en un desfile. Los miembros de la banda están alineados en filas iguales. Completa la tabla. Luego usa la tabla para hallar el número de miembros de la banda en cada fila.

Filas	2	4	5		8	10
Miembros de la banda		24	30	42	48	

Respuesta:

____

Nombre ______________________ Fecha ______________

Multiplica. Usa un modelo de área.

1. $37 \times 4 =$ _____
2. $62 \times 3 =$ _____
3. $5 \times 78 =$ _____
4. $2 \times 89 =$ _____

Escribe cada número en forma estándar.

5. setenta mil doscientos ochenta ____________________
6. quinientos mil veinte y nueve ____________________
7. cuarenta y dos mil ocho ____________________
8. trescientos un mil trescientos ____________________
9. **Amplía tu razonamiento** Completa la tabla de entrada y salida. Luego describe una situación que podría tener las entradas y las salidas que se muestran en la tabla.

Regla:	
Entrada	**Salida**
6	4
10	8
17	
24	
49	

____

____

____

____

____

Tabla de multiplicación y tablas desordenadas (Volumen 1)

A

×	1	2	3	4	5	6	7	8	9	10
1	1	2	3	4	5	6	7	8	9	10
2	2	4	6	8	10	12	14	16	18	20
3	3	6	9	12	15	18	21	24	27	30
4	4	8	12	16	20	24	28	32	36	40
5	5	10	15	20	25	30	35	40	45	50
6	6	12	18	24	30	36	42	48	54	60
7	7	14	21	28	35	42	49	56	63	70
8	8	16	24	32	40	48	56	64	72	80
9	9	18	27	36	45	54	63	72	81	90
10	10	20	30	40	50	60	70	80	90	100

B

×	2	4	3	1	5	10	6	8	7	9
5	10	20	15	5	25	50	30	40	35	45
3	6	12	9	3	15	30	18	24	21	27
1	2	4	3	1	5	10	6	8	7	9
4	8	16	12	4	20	40	24	32	28	36
2	4	8	6	2	10	20	12	16	14	18
7	14	28	21	7	35	70	42	56	49	63
9	18	36	27	9	45	90	54	72	63	81
10	20	40	30	10	50	100	60	80	70	90
8	16	32	24	8	40	80	48	64	56	72
6	12	24	18	6	30	60	36	48	42	54

C

×	8	6	4	9	7	9	6	7	4	8
5	40	30	20	45	35	45	30	35	20	40
3	24	18	12	27	21	27	18	21	12	24
2	16	12	8	18	14	18	12	14	8	16
3	24	18	12	27	21	27	18	21	12	24
5	40	30	20	45	35	45	30	35	20	40
9	72	54	36	81	63	81	54	63	36	72
4	32	24	16	36	28	36	24	28	16	32
7	56	42	28	63	49	63	42	49	28	56
6	48	36	24	54	42	54	36	42	24	48
8	64	48	32	72	56	72	48	56	32	64

D

×	6	7	8	7	8	6	7	8	6	8
2	12	14	16	14	16	12	14	16	12	16
3	18	21	24	21	24	18	21	24	18	24
4	24	28	32	28	32	24	28	32	24	32
5	30	35	40	35	40	30	35	40	30	40
7	42	49	56	49	56	42	49	56	42	56
8	48	56	64	56	64	48	56	64	48	64
6	36	42	48	42	48	36	42	48	36	48
9	54	63	72	63	72	54	63	72	54	72
8	48	56	64	56	64	48	56	64	48	64
6	36	42	48	42	48	36	42	48	36	48